କିଛି କବିତା କିଛି ନିରବତା

କିଛି କବିତା କିଛି ନିରବତା

ମନୋରଂଜନ ସାହୁ

ବ୍ଲାକ୍ ଇଗଲ୍ ବୁକ୍ସ
ଭୁବନେଶ୍ୱର, ଓଡ଼ିଶା

BLACK EAGLE BOOKS
Dublin, USA

କିଛି କବିତା କିଛି ନିରବତା / ମନୋରଂଜନ ସାହୁ

ବ୍ଲାକ୍ ଈଗଲ୍ ବୁକ୍ସ : ଭୁବନେଶ୍ୱର, ଓଡ଼ିଶା • ଡବଲିନ୍, ଯୁକ୍ତରାଷ୍ଟ୍ର ଆମେରିକା

BLACK EAGLE BOOKS

USA address:
7464 Wisdom Lane
Dublin, OH 43016

India address:
E/312, Trident Galaxy, Kalinga Nagar,
Bhubaneswar-751003, Odisha, India

E-mail: info@blackeaglebooks.org
Website: www.blackeaglebooks.org

First International Edition Published by
BLACK EAGLE BOOKS, 2022

KICHHI KABITA KICHHI NIRABATA
by **Manoranjan Sahoo**
Cell : 9937430198
Email: msahoo9937@gmail.com

Copyright © Manoranjan Sahoo

All rights reserved. No part of this publication may be reproduced, stored in a retrieval system, or transmitted, in any form or by any means, electronic, mechanical, photocopying, recording or otherwise without the prior permission of the publisher.

Cover Concept: **Krusna Sabaramati**
Interior Design: Ezy's Publication

ISBN- 978-1-64560-314-6 (Paperback)

Printed in the United States of America

ସାହିତ୍ୟଜଗତର ଅଗଣିତ ମୁଗ୍ଧ
ପାଠକପାଠିକାଙ୍କୁ...

ଯେଉଁମାନଙ୍କ ପାଖରେ ମୁଁ କୃତଜ୍ଞ...

ଏ କବିତାଗୁଡ଼ିକୁ ସାହିତ୍ୟ ପୃଷ୍ଠାରେ ସ୍ଥାନ ଦେଇ ପ୍ରକାଶ କରିଥିବା ପତ୍ରପତ୍ରିକା ଓ ଦୈନିକ ଖବରକାଗଜର ସମ୍ପାଦକମାନେ;

ତାଙ୍କର ସହୃଦୟତାର ସହ ଏ ସଂକଳନଟିକୁ ଲୋକଲୋଚନକୁ ଆଣିଥିବା 'ବ୍ଲାକ୍ ଇଗଲ୍ ବୁକ୍ସ';

କବିତା ଲେଖୁଥିବା, ବୁଝୁଥିବା, ପଢୁଥିବା ମୋର ସତୀର୍ଥମାନେ, ମୋ କବିତାର ଆଲୋଚକ ଓ ସମାଲୋଚକମାନେ, ଯାହାଙ୍କ ଚିଠି, ଫୋନ୍ ମୋତେ ଉତ୍ସାହିତ କରେ;

ଜୟନ୍ତ ମହାପାତ୍ର, ରାମଚନ୍ଦ୍ର ବେହେରା ତ ମୋ କବିତାର ଶୀର୍ଷକ;

କବି ଅନୁବାଦକ କୁମାର ହସନ ମୋର କେତୋଟି କବିତାକୁ ଅନୁବାଦ କରି ହିନ୍ଦିରେ ପ୍ରକାଶ କରିଛନ୍ତି;

ପ୍ରାବନ୍ଧିକ ଡ. ବେଣୁଧର ପାଢ଼ୀ ତାଙ୍କ ଓଡ଼ିଆ ସାହିତ୍ୟର ଇତିହାସରେ ମୋତେ ସ୍ଥାନ ଦେଇ ଆଲୋଚନା ପୃଷ୍ଠାକୁ ଆଣିଥିବାରୁ;

ରବିନ୍ଦ୍ର କୁମାର ସ୍ୱାଇଁ (ଇଂରାଜୀ କବି), ଯଜ୍ଞଦତ୍ତ ଆର୍ଯ୍ୟ, ଅଭିରାମ ବିଶ୍ୱାଳ, ଅପର୍ଣ୍ଣା ମହାନ୍ତି, ମୋନାଲିସା ଜେନା, ପ୍ରକାଶ ପରିଡ଼ା, ଅତୁଲ ବଳ, ଗିରିଶ ସାହୁ, ଶତ୍ରୁଘ୍ନ ପାଣ୍ଡବ, ବନ୍ଧୁ ବିରଜା, ସରୋଜ, ଅରବିନ୍ଦ, ଦିଲ୍ଲୀପ, ପ୍ରଦୀପ, ସଂଗ୍ରାମ, ସାନଭାଇ ରଶ୍ମି, ସାନବୋହୂ ତନୁଶ୍ରୀ ଯେଉଁମାନେ ମୋତେ ଖୋଜନ୍ତି କବିତାରେ;

କବିତା ସଂକଳନର ପ୍ରଚ୍ଛଦ ପରିକଳ୍ପନା କରିଥିବା ମୋ ଝିଅ କୃଷ୍ଣା;

ସଂକଳନଟିକୁ ହାତରେ ଧରି ଖୁସି ହେବାକୁ ଆଉ ନ ଥିବା ମୋର ବାପାବୋଉ;

ମୋତେ କ୍ଷଣେ କ୍ଷଣେକେ ସହୁଥିବା ପତ୍ନୀ ଶାନ୍ତି।

ଇନ୍ଦୁପୁର
୫ ସେପ୍ଟେମ୍ବର ୨୦୨୨

ମନୋରଂଜନ

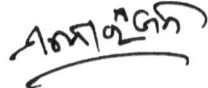

ସୂଚୀପତ୍ର

ଝିଅର ନୋଟ୍ ଖାତାରେ ଡାକମୁନ୍‌ସି	୧୩
ସେଦିନ ରାମଚନ୍ଦ୍ର ବେହେରାଙ୍କୁ ପାଇ ଆମ ଘରେ	୧୫
ରାଜାର କଥା	୧୮
ଲଳିତଗିରି	୨୩
ବସନ୍ତ ଋତୁରେ ଦିନେ	୨୫
ପୋଲ	୨୭
ସେଦିନ ସକାଳେ	୨୯
ମର୍ଣ୍ଣି ୱାକ୍	୩୨
ପୌଷର ଦିନଟିଏ	୩୫
ପହିଲି ଶୀତୁଆ ସକାଳେ	୩୭
ଏ ଥର ପୂଜା ଛୁଟିରେ	୩୯
ମୌସୁମୀ ୨୦୧୫	୪୧
କେହିବି କାହାରିକୁ ଦେଖୁନଥାନ୍ତି	୪୩
ତଥାପି ମଣିଷଟିଏ	୪୫
ନଦୀମନସ୍କ	୪୬
ପିଲାଦିନ	୪୭
ରେଳ ପଥ	୪୯
ଆମର ପିଲାମାନଙ୍କ ପାଇଁ	୫୧
ଓଡ଼ିଶୀ	୫୨
ରେଳଧାରଣା କଡ଼େ	୫୫
ହିମାଳୟ	୫୬
ପୌଷର ଜହ୍ନ ଆକାଶ	୫୭
କୁନି ପିଲାର କଥା	୫୯
ପବନ	୬୦
କଥାରେ କଥାରେ	୬୧
ପେଶୱାର: ଶେଷ ୨୦୧୪ର ଗୋଟେ ଦିନ	୬୩
ଦୃଶ୍ୟକୁ ଭୟ କରୁଥିବା କବି	୬୬
ଶିଳାପଦ୍ମ	୬୭
ଛାତ ଉପରେ ଜହ୍ନରାତି	୬୮
ଶୀତଦିନେ ହିଁ ଏମିତି ସବୁ ଘଟେ	୭୦
ସ୍ୱୀକାରୋକ୍ତି	୭୨
ତା' ପ୍ରେମରେ ସମାଧିସ୍ଥ ହୁଏ	୭୪

କିଛି ନିରବତା

ଆମ ଗାଁରେ ପଦ୍ମପୋଖରୀ ନଥିଲା	୮୧
ଧାରା ଶିରାବଣ ମାସ	୮୨
ମନୋରମାର ଫୋନ୍ ଆସେ	୮୩
ମନୋରମାର ଖବର କ'ଣ ?	୮୬
ଜହ୍ନରାତି, ପାୱାର କଟ୍ ମନୋରମାର ଅଗଣା	୮୯
ଦୂରତା ନଥିଲା	୯୧
ସମୁଦ୍ର ଦେଖା	୯୨
ସବୁ ଆରମ୍ଭର କେନ୍ଦ୍ରବିନ୍ଦୁ ତମେ	୯୬
ତମକୁ ଖାଲି ଦେଖିବା	୯୭
ନୂଆ ବସ୍‌ଷ୍ଟାଣ୍ଡରେ ମନୋରମା	୯୯
ମୋ ପ୍ରେମିକର ପାଖକୁ ଯା	୧୦୧
ତମେ, କୂଅ	୧୦୨
ତମର ଅନେକ ନାଆଁ	୧୦୩
ବାଲୁକା ଶିଳ୍ପରେ ମନୋରମା	୧୦୫
ଏତେଦିନ କେଉଁଠି ଥିଲ କେମିତି ରହିଲ	୧୦୭
ତା'ଦେହରେ ବର୍ଷ ମାସ ଦିନ ଦଣ୍ଡ	୧୦୯

"ବହିଦୋକାନ ଗୁଡ଼ିକରେ ସମୟ ଓ ଧୂଳିରେ ଆଚ୍ଛନ୍ନ ହୋଇପଡ଼ିଥିବା ଅଦେଖା, ଆଲୋଡ଼ା, ଅଖୋଲା ଓ ବିକ୍ରି ନ ହୋଇ ବିକ୍ଷିପ୍ତ ହୋଇ ପଡ଼ି ରହିଥିବା ମୋର କବିତାଗୁଡ଼ିକ ପୁରୁଣା ହୋଇଗଲେ ପୁରୁଣା ମଦ ଭଳି ଆକର୍ଷଣୀୟ ହୋଇଉଠିବ।"

– ମାରିନା ଶ୍ବେତାଏଭା

ଝିଅର ନୋଟ୍ ଖାତାରେ
ଡାକମୁନ୍‌ସି

ଠାକୁରଙ୍କୁ ଫୁଲ ଚଢ଼ାଇ
ଗାୟତ୍ରୀ ମନ୍ତ୍ର ପଢେ ବୋଲି ମୁଣ୍ଡିଆ ମାରି ଉଠୁଛି
ଆଖି ପଡ଼ିଲା ଝିଅର ପଢ଼ା ଟେବୁଲ୍ ଉପରେ
ମେଲା ସାହିତ୍ୟ ବହି
ବିଷୟ: ଡାକମୁନ୍‌ସି

ଝିଅ ତା'ର ପଢ଼ା ଶୈଳିରେ ପୃଷ୍ଠା ସାରା
ଅଣ୍ଡରଲାଇନ୍ ଦେବାରେ ବ୍ୟସ୍ତ
କହିଲି: ଏ କ'ଣ ?
ଏମିତି ପୃଷ୍ଠା ସାରା ଗାର ପକାଇବାର କାରଣ ?
କହିଲା: ପ୍ରଶ୍ନୋତ୍ତର କରୁଛି ତ, ସେଇଥିପାଇଁ...
କହିଲି: ଆଗ ଭଲ କରି ପଢ଼, ବୁଝ୍
ବିଷୟ ବସ୍ତୁର ଭିତରକୁ ଯାଅ
ତା'ପରେ ସବୁ ପ୍ରଶ୍ନର ଉତ୍ତର
ଆପେ ଆପେ ମୁହଁରୁ ଲେଖିଦେଇପାରିବୁ। ଜାଣିଚୁନା,

ମୁଁ ବି ପଢ଼ିଛି,
ଆମ ବେଳକୁ ବି ସ୍କୁଲରେ ଡାକମୁନ୍‌ସି
ପଢ଼ାଯାଉଥିଲା
ବହୁତ ଦୁଃଖ ଲାଗେ ଆଜି ସେକଥା ଭାବିଲେ।

ତୋ ଜେଜେ କହୁଥିଲେ
ସେମାନେ ବି ଡାକମୁନ୍‌ସି ପଢୁଥିଲେ
ମୋର ଯାହା ଧାରଣା ତାଙ୍କବେଳକୁ
ଏକାଦଶରେ ଏଇଟି ପଢ଼ା ଯାଉଥିଲା
ଆମେ ପଢ଼ିଲୁ ଦଶମରେ
ଆଉ ତମର ଏବେ ଅଷ୍ଟମରେ ପଢ଼ାଯାଉଛି ।

ଝିଅ କହିଲା ବାପା,
ସତରେ କ'ଣ ହରି ସିଂଙ୍କୁ ତା'ର ଇଂରାଜୀ ପଢୁଆ ପୁଅ
ଘୁସିଟାଏ ମାରିଲା
ଇଂରାଜୀ ସାହେବଙ୍କ ଆଗରେ
ତାଙ୍କୁ ଚାକର ବୋଲି କହିଲା
ଲେଖକ ଯାହାକୁ ଇଂରାଜୀ ଘୁସି ବୋଲି କହିଛନ୍ତି
କେମିତି ଏସବୁ କରିପାରିଲା ?

ଆଚ୍ଛା ବାପା,
ହରି ସିଂର ପୁଅ
ଯଦି ପୁଅ ନହୋଇ ଝିଅଟିଏ ହୋଇଥାନ୍ତା
ଭଲ ହୋଇଥାନ୍ତା ନାହିଁ ?

ଚକିତ, ବାକ୍‌ଶୂନ୍ୟ
ତା' ମୁହଁକୁ ଚାହିଁଲି
ଖୁସିରେ ଜକେଇ ଆସୁଥିବା ଲୁହ
ତା ଅଜାଣାନ୍ତରେ ପୋଛିଦେଲି

ଆଉ ଥରେ ତା' ମୁହଁକୁ ଚାହିଁଲି
ଯେମିତି ଅନେକ ଦିନରୁ ମନଖୋଲି ହସିନଥିଲି
ହସ ଲାଗିଲା
ହସିଦେଲି ।

ସେଦିନ ରାମଚନ୍ଦ୍ର ବେହେରାଙ୍କୁ ପାଇ ଆମ ଘରେ

ସେଦିନ ମୋ ଝିଅର ଜନ୍ମଦିନ ଥାଏ
ସେ' ତାଙ୍କ ଝିଅର ବିବାହ ପ୍ରସ୍ତାବ ନେଇ ଆସିଥାନ୍ତି
ଆମ ଗାଆଁକୁ,
ଇଚ୍ଛାଥାଏ ତାଙ୍କୁ ଘରକୁ ଟିକେ ଆଣିପାରନ୍ତି କି
ହସ ହସ ସବୁବେଳେ ସେ!!

ବାପା କହିଲେ:
ଇଏ କ'ଣ ସେଇ ରାମଚନ୍ଦ୍ର ବେହେରା, ଗାଳ୍ପିକ
ଯିଏ, ଏବର୍ଷ କେନ୍ଦ୍ରସାହିତ୍ୟ ଏକାଡ଼େମୀ ପୁରସ୍କାର ପାଇଲେ
ତାଙ୍କର "ଗୋପପୁର" ପାଇଁ ଆଉ ଟି.ଭି.ରେ...
ଚମତ୍କାର!!
କହିଲି, ହଁ।

ସେଦିନ ଆମ ଘର ଉଠୁଥାଏ ପଡୁଥାଏ ଯେମିତି
ମୋ ସ୍ତ୍ରୀ'ର ତ ପାଦ ତଳେ ଲାଗୁନଥାଏ
ସାର୍‌ଙ୍କୁ ପାଇ
ଖିରିର ମିଠା ଅଧିକ ହେଇ ଯାଉଥାଏ
ସେମିତି ପିଠାର ପୂରଟା ବି।

ମୋ' ଝିଅକୁ ଆଜି କାହିଁକି ଏସବୁ ଅଧିକ ଖୁସି ଲାଗୁଥାଏ
ତାର ଜନ୍ମଦିନଟା ଯେମିତି ଦିଇଟା
ହେଇଯାଉଥାଏ।

ଖେଳ ପାଖରୁ ଉଠିଆସି ମୋ ଦେହରେ ଲଦିହେଇ
କାନପାଖକୁ ମୁହଁ ଆଣି କହିଲା:
ବାପା ଇଏ କିଏ ?
କହିଲି: ଆମ ସାର।
" ତମେ ତ ପଢ଼ିବାକୁ ଯାଉନା... ତମର ପୁଣି... ?
କହିଲି ହଁ, ମତେ ଆଗେ ପଢ଼ାଉଥିଲେ।
"ଆଉ ଏବେ" ?
ଏବେ, ଗପ ଶୁଣାଉଛନ୍ତି, ଗପ।।

ତମେ ଯେମିତି ଗପ ନଶୁଣିଲେ ଖାଇବନି କି
ଶୋଇବନି ବୋଲି ଜିଦି କର
ସେମିତି ଆମ ସାର୍ ଆମକୁ ଗପ ନ କହିଲେ
କି' ଗପ ନଶୁଣେଇଲେ
ଆମକୁ ମୋଟେ ଭଲ ଲାଗେନି
ନା ନିଦ ହୁଏ ନା ଭୋକ କରେ
କ'ଣ ଭାବିଲା କେଜାଣି କହିଲା:
"ମତେ ଗୋଟେ ତୁମ ସାର୍‌ଙ୍କ ଗପ କୁହନା
ମୁଁ ଶୁଣିବି,
ମତେ ତ କେବେ ତୁମ ସାର୍‌ଙ୍କ ଗପ ଶୁଣାଇନ"।

କହିଲି: ଆରେ ମାଆ;
ମୁଁ ତୁମକୁ ଯେତେ ସବୁ ଗପ ଶୁଣାଏ
ତା' ଭିତରେ ଆମ ସାର୍‌ଙ୍କ ଗପ ଥାଏ

ଖାଲି: ତାଙ୍କର ନାଆଁଟା କେବଳ ତୁମକୁ କହିନଥାଏ
ଆଗ ଗପ; ତା'ପରେ ଯାଇ ନାଆଁ ନା।।

ସେଇ ଯେଉଁ କୁନିପିଲାର ଗପ
ତାକୁ ଜ୍ୱର ହେଇଥାଏ, ତା' ବାପା ବୋଉ
ଅନ୍ଧାର କିଟି କିଟି ରାତି
କୁନି କୁନି ତାରାମାନଙ୍କ ଆଲୁଅ
କେମିତି ଏକେଲା ଡଙ୍ଗାନେଇ ନଈ ପାରିହେଇ
ଡାକ୍ତରଙ୍କ ପାଖରେ ପହଂଚାଇଲେ...

ତମେ ବଡ଼ହେଲେ ଠିକ୍ ମୋପରି ବୋଉଙ୍କ ପରି
ଯେତେ ଅଧିକ ପଢ଼ିବ,
ବଡ଼ବଡ଼ ମୋଟା ମୋଟା ବହିସବୁ ପଢ଼ିବ,
ଜାଣି ପାରିବ ଯେ,
ଆମ ସାର୍‌ଙ୍କୁ ବି।

କ'ଣ ବୁଝିଲା କେଜାଣି
କହିଲା: ଓ...ତା ହେଲେ ତୁମ ସାର୍
ବାପା ଆଉ ବୋଉମାନଙ୍କ ପାଇଁ ଗପ କୁହନ୍ତି
ଆଉ ଯେତେ ଯେତେ ବାପା
ଯେତେ ବୋଉମାନେ ସବୁ ଅଛନ୍ତି
ସେମାନେ ସବୁ ତାଙ୍କ ପିଲାମାନଙ୍କୁ ସେଥିରୁ
ଗୋଟେ ଗୋଟେ ଗପ ଶୁଣାନ୍ତି।

ଭାବିଲି, ହଁ ସେଇଆ ନୁହେଁ ତ
ଆଉ କଅଣ ?

■

ରାଜାର କଥା

ଘରକାମ ପାଇଁ
ଚଢ଼େଇଧରାରୁ ଆସିଥିବା ଗୋଡ଼ି ବୋଝେଇ ଟ୍ରକରେ
ଆସିଥିଲା ସେ,
ଦଶ କି ବାର ହେବ ତାର ବୟସ, ଗୋଲ୍‌ଗାଲ୍ ଚେହେରା
କ୍ରୁସର ଗୁଣ୍ଡରେ ଅଲଗା ଦିଶୁଥାଏ ତାର ମୁଣ୍ଡ ବାଳ
ଆଖିରେ କିନ୍ତୁ ଥାଏ ଗଭୀର ପାଣିର ଶାନ୍ତ ଶୀତଳତା
ନୀଳ ଆଉ ସରଳ ପଣ
କିଛି ସମୟ ତାକୁ ଚାହିଁଲି
ସେ'ବି ମତେ,
କହିଲି: କି ରେ ତୋର ନାଆଁ କଣ
କହିଲା: "ରାଜା"।

ବାପା ମାଆ ତାର ନାଆଁ ଦେଇଛନ୍ତି ରାଜା
ବଣେଇର କେଉଁ ଆଦିବାସୀ ଗାଆଁ
ଭଲ ଭାବେ ତାକୁ ଜଣା ନାହିଁ
ଆହୁରି ଜଣା ନାହିଁ କେଉଁ ପଞ୍ଚାୟତର ସେମାନେ
ଲେଖା ପଢ଼ା କିଛି ନାହିଁ ବାପାର ତାର
ହେଲପର କାମ କରୁ କରୁ ଡ୍ରାଇଭର ହେଇଛି

ବୋଉକୁ ଟିକେ କମ ଶୁଭେ
ବଡ଼ ପୁଅ ରାଜା
ବାପାର ଇଚ୍ଛା ତାରିପରି ହେଲଫର ରହୁ
ଆଉ ଟ୍ରକ ଡ୍ରାଇଭର ହେଉ ।

କହିଲି: କାହିଁକି ଏ ଛୋଟବେଳୁ ଏକାମ କରୁଛୁ
ସ୍କୁଲରେ ପଢ଼ି ପାରନ୍ତୁ, ଏବେ ତ ଖାଇବା, ରହିବା, ବହିପତ୍ର
ସାର୍ଟ, ପ୍ୟାଣ୍ଟ ସବୁ ମାଗଣା
କହିଲା: ବାପା ଚାହୁଁନି ।

କିଛି ନବୁଝି କହିଲି; ଠିକ୍ ଅଛି ତୁ ମୋ ପାଖରେ ରହିବୁ
ଆଉ ପଢ଼ାପଢ଼ି କରିବୁ ତୋର ବାପା କଥା
ମୁଁ ବୁଝିବି ।

କିଛି ଉଁ କି ଚୁଁ ଉତୁରିଲାନି ତାର ପାଟିରୁ
ଖାଲି ତଳକୁ ମୁହଁ କରି ପାଦକୁ ଚାହୁଁଥିଲା
ଏହା ଭିତରେ ଗୋଡ଼ି ଉତରା ସରିଥିଲା
ଆଉ ରାଜା ଫେରନ୍ତି ଟ୍ରକରେ ଚାଲିଗଲା
ମୁଁ ଭୁଲି ଗଲି ରାଜାର ମୋର
କଥା ବାର୍ତ୍ତା ।।

ଦୁଇ ଚାରି ଦିନ ପରେ
ସକାଳୁ ସକାଳୁ ଫୁଲତୋଳିବାକୁ ଗେଟ୍ ଖୋଲୁଛି
ଦେଖିଲି ଗେଟ୍‌କୁ ଧରି ଛିଡ଼ା ହୋଇଛି ରାଜା
ସେଦିନ ଟିକେ ଡେରିରେ ଉଠିଥିଲି
କାଉମାନଙ୍କ ରାବ ଚଢ଼େଇଙ୍କ କିଚିରି ମିଚିରି ସତ୍ତ୍ୱେ
କାହିଁକି ଟିକେ ଘାଲେଇ ପଡ଼ିଥିଲି
ଆଉ ରାଜାକୁ ଦେଖି ଯେତିକି ଆଶ୍ଚର୍ଯ୍ୟ ହୋଇଥିଲି
ସେତିକି ବି କୌତୁହଳୀ

କହିଲା ରହିବି ବାବୁ, ବାପା କଥାରେ ଆଉ
ଟ୍ରକ ରେ ଯିବିନି
ତାକୁ ଘର ଭିତରକୁ ନେଲି, ତାର ଆନନ୍ଦ କହିଲେ ନସରେ

ଦୁଇ ଚାରିଦିନ ପରେ ରାଜାର ଅନିଚ୍ଛା ସତ୍ୱେ
ତାର ବାପା ସହ ଫୋନରେ କଥା ହେବା ପାଇଁ
ଚାହିଁଲି, ନାହିଁ କଲା
ତାକୁ ବୁଝାଇ ସୁଝାଇ କହିଲି ଏବେ ଗାଁକୁ ଯାଆ
ଘର ପାଖରୁ କେଉଁଠୁ ନମ୍ବର ଆଣିବୁ ଏଠୁ
ବାପା ମାଆଙ୍କ ସହ ବେଳେ ବେଳେ କଥା ହେବୁ
ଆଉ ସେଇଆ ବି ହେଲା।।

ଦିନେ ସଞ୍ଜ ବେଳେ ଅଫିସ୍ ଫେରି ଦେଖେ
ରାଜାର ବାପା ପଚାରି ପଚାରି ଆସି ଆମ ଘରେ
ଖୁବ୍ ପିଇ ଥାଏ, ପାଦ ଠିକ୍ ରେ ପଡୁନଥାଏ
ଖଣି ବନ୍ଦ ଯୋଗୁ ତାର କାମ ନଥାଏ
ଘରେ ଦିନେ ଖାଇଲେ ଦୁଇ ଦିନ ଉପାସ ପ୍ରାୟ
ତାକୁ କିଛି ଟଙ୍କା ଦେଲି ଆଉ ନ ପିଇବା ପାଇଁ
ବୁଝା ସୁଝା କରି ବିଦା କଲି।।

ଆଉ ଦିନେ ସଞ୍ଜ ବେଳେ ଅଫିସ୍ ଫେରି ଦେଖେ
ରାଜାର ବାପା ବୋଉ ଆଉ ତାଙ୍କର ତିନୋଟି
ଟିକି ଟିକି ଛୁଆ, ଗୋଟେ ପାଞ୍ଚ ବର୍ଷର ଗୋଟେ ତିନି ବର୍ଷର
ଆରଟି ମାସେ କି ଦି'ମାସର
ଆସି ଆମ ଘରେ
ବିରକ୍ତିରେ ପାଟିରୁ ବାହାରି ପଡ଼ିଲା ସହଯେତ ଅଭାବ
ଶିକ୍ଷା ଦୀକ୍ଷା ନାହିଁ, ଏତେ ପିଲା କଣ ପାଇଁ
କୁଆଡ଼େ ଆସିଛ ?

ଶୁଖିଲା ବରଡ଼ା ପତ୍ର ପରି ଦିଶୁଥାଏ ତାଙ୍କ ଦେହ
ରାଜାର ବୋଉ ମୁହଁରେ ଲାଜ ମିଶା ହସ
ଛାତିର ଲୁଗା ଆଡ଼େଇ ସାନଟିକୁ କ୍ଷୀର ଦେଉଥାଏ
ତାର ବାପା କିଛି ନଭାବି ଥଂଗ ଥଂଗ ହେଇ କହିଲା
ଝିଅଟିଏ ପାଇଁ ବାବୁ ଏତେ କଥା
ହେଉ ହେଉ ତ ଚାରିଟି ପୁଅ ହେଇଗଲା

ଏତେ ବେଳ ଯାଏଁ ଗୋଟେ ଦୁଶ୍ଚିନ୍ତାରେ ପଡ଼ିଥିବା
ପତ୍ନୀଙ୍କ ମୁହଁରେ ହସ ଦେଖି ମୋତେ ବି
ହସ ଲାଗିଲା
ରାଜା ସେମାନଙ୍କୁ ଦେଖି ରାଗରେ ଗର ଗର
ଖାଲି ଫଁ ଫଁ ହେଉଥାଏ ସେମାନଙ୍କ ଉପରକୁ
ମୋରି ଡରରେ ଚୁପ୍ ହୋଇ ବସିଥାଏ
ତାର ବାପା କହିଲା କଣ କରିମୁଁ ବାବୁ
ପୁଅକୁ ଟିକେ ଦେଖିବାକୁ ଆସିଲାରୁ ତାର ମାଆ କହିଲା
ମୁଁ ଯିମି, ମୁଁ କ'ଣ ଦେଖେ ନାଇଁକି ?
ଛୁଆ ଦିଟା ବି ଜିଦି କଲେ
ଭେଁ ଭାଁ ହେଲେ ଖାଲି ଭାଇ ଭାଇ ହେଲେ
କଣ କରିମୁ ବାବୁ
ଆସୁ ଆସୁତ ପଳେଇ ଆସିଲୁ ।

ତାଙ୍କୁ ଦାଣ୍ଡ ଘରଟିକୁ ରହିବାକୁ ଦେଲି ଆଉ
କିଛି ବାଟ ଖର୍ଚ୍ଚ ଦେଇ ସକାଳକୁ ଫେରିଯିବାକୁ
କହିଲି ।
କହିଲି, ଏଥର ଯେବେ ସ୍କୁଲ ଛୁଟି ହେବ
ରାଜା ତମ ପାଖକୁ ବୁଲି ଯିବ
ତମର ଆସିବା ଦରକାର ନାହିଁ । ହେଲା ତ... ?

ପରଦିନ ସକାଳୁ ସେମାନେ ଫେରିଗଲା ବେଳେ
ପଛରୁ ସେମାନଙ୍କୁ ଦେଖୁଥିଲି
ଭାବିଲି ଆମର ବିରକ୍ତି ହେବା
କାଲି ରାତିରେ ସେମାନଙ୍କ ଉପରକୁ
ରାଜାର ରାଗିବା କ'ଣ ଠିକ୍ ହେଲା।
ତାର ଛୋଟ ଛୋଟ ଭାଇ ସେମାନେ
କେତେ ଭଲ ପାଆନ୍ତି ସେମାନେ ତାକୁ
ସେମାନେ ତ ସହଜେ ପିଲା, ଆଉ ତାର ବାପା ବୋଉ,
ସେମାନଙ୍କ ଠାରୁ ତ ଆହୁରି ପିଲା।।

ଲଳିତଗିରି

ଏଇଟା ଥିଲା ପ୍ରଥମ ଦେଖା
ତା’ ସହ।

ଆମେ ପରସ୍ପରକୁ ସାମ୍ନା କରି ବସିଥିଲୁ।
ସେ ତା’ର ଆଭରଣ ଖୋଲି
ଗୋଟିକ ପରେ ଗୋଟେ
ଦେଖେଇ ଚାଲିଥିଲା
କ’ଣ ତା’ ଭିତରେ ଅଛି।

ଆମେ ଫେରି ଯାଉଥିଲୁ
ଶହ ଶହ ବର୍ଷର ପଛକୁ
ଯେଉଁଠି ପାମ୍ପରା ହାଡ଼ର ଦେହ ନୁହେଁ
ଶକ୍ତ ପଥରର ଦେହ ଥିଲା
ଯିଏ ସାମ୍ନା କରି ପାରୁଥିଲା
ଅସ୍ତ୍ରର ତୀକ୍ଷ୍ଣ ଧାର।

ସେ ତା’ର କାହାଣୀ କହି ଚାଲିଥିଲା
ଯେମିତି ଗୋଟେ ଲଳିତ ନିବନ୍ଧ
ଯେମିତି ଯୁଦ୍ଧ ଫେରନ୍ତା
ବିଜୟୀ ସମ୍ରାଟ।।

ତା'ର ଖାଦ୍ୟ, ପେୟ
ଚାଲିଚଳନ ବାଣିଜ୍ୟ ଯାତ୍ରା
ତା'ର ମୋହ ମାୟା, ଶିକ୍ଷା, ଦୀକ୍ଷା
ତା'ର କାମନା କ'ଣ ଥିଲା(?)
କିପରି ଥିଲା ତା'ର ଯୌନାଚାର ପୁରୁଷାକାର
ତା'ର ଲାସ୍ୟ ହାସ୍ୟ ନୃତ୍ୟ କ୍ରୀଡ଼ା
ରାଗ ରାଗିଣୀ
ନାରୀ କକ୍ଷ
ତା'ର ଯୌବନର ବିଳାସ
କୋମଳ କମନୀୟ ଚାରୁ ଇପ୍‌ସିତ
ଲାଳିତ୍ୟର ବିନ୍ୟାସ।

ଏୟା ଭିତରେ କେତେବେଳେ
ସୂର୍ଯ୍ୟ ଅସ୍ତ ହୋଇ ଯାଇଥିଲା;

ଆମେ କଥା ପ୍ରସଙ୍ଗରେ
ଏମିତି ମଜିଯାଇଥିଲୁ ଯେ'
ଆଉ ଅନ୍ୟମନସ୍କ ହୋଇପଡ଼ିଥିଲୁ ଯେ'
ଜାଣି ପାରିନଥିଲୁ
କି, ଶୁଣିପାରିନଥିଲୁ
ତା'ର ଶବ୍ଦ,
କେତେବେଳେ
ଆମ ମଝିରେ ଗୋଟେ ପାହାଡ଼ ଆସି
ଭାଙ୍ଗି ପଡ଼ିଥିଲା।

■

ବସନ୍ତ ଋତୁରେ ଦିନେ

ଦୂରଦର୍ଶନର ପରଦାରେ
ସେ'ଗୀତ ଗାଇବା ଆରମ୍ଭ କରିଥିଲା
ସେଇଝିଅ, ଚଉଦ କି ପନ୍ଦର ହେବ ତାର ବୟସ
ସ୍ୱର ତା'ର ବସନ୍ତ ଋତୁରେ ଥିଲା
ନୂଆ ପତ୍ର କଅଁଳିବା ସହ
ଫୁଲ ଫଳରେ ଭରି ଉଠୁଥିଲା ଗଛଲତା।

ମିଠା କଳା ଅଙ୍ଗୁର ପରି
ଢଳ ଢଳ ଆଖି

ଡାଳିମ୍ବ ମଞ୍ଜିର ଦୁଇଟି ଧାଡ଼ି
କୁନି କୁନି ଦାନ୍ତ

ଶ୍ୱେତ କନିଅଁର ଫୁଲ ନାକ

ଅପରାଜିତାର ପାଖୁଡ଼ା କାନ

ଫୁଟି ଉଠୁଥିବା ପଦ୍ମକଢ଼ି ଓଠ

ମଧୁମାଳତୀର ପେନ୍ଥାଟିଏ ପବନରେ ଦୋଳାୟିତ
ଲମ୍ବା କଳା ଗହଳ କେଶ।

ତାର ସ୍ୱର ଘର ଭିତରୁ
ବାହାରକୁ ଯିବା ଉଚିତ୍।

ମୁଁ ଦ୍ୱାର ଖୋଲି ଦେଲି।

ମୋର ଅଜାଣତରେ ଗୋଟେ ପ୍ରଜାପତି
କବାଟ ଠକ୍ ଠକ୍ କରୁଥିଲା,
ଭିତରକୁ ପଶିଆସିଲା,
ଆଉ ମୁଁ ବସିଥିବା ମୋର ପାଖ
ସୋଫାରେ ବସିପଡ଼ିଲା।

ଆମେ ସାଂଗହୋଇ ଗୀତ ଶୁଣିଲୁ।।

ପୋଲ

ଯେତେବେଳେ ଡଙ୍ଗା ଥିଲା
ବରଗଛ ମୂଳ ଛାଇରେ ଆମେ
ଘଣ୍ଟେ ଅଧଘଣ୍ଟେ ବସିପଡୁ ଥିଲୁ
ଆର ପଟରେ ଥିଲେ ତାକୁ
ଅପେକ୍ଷା କରୁଥିଲୁ।

ଦେହକୁ ହାଲୁକା ଲାଗୁଥିଲା ଧୀର ପବନ
ଘାଟିଆର ମଝିରେ ମଝିରେ ମନବୋଧ ଚଉତିଶାରୁ
ପଦେ ଅଧେ ଗୀତ
ତୁଠ ପଥରରେ ଘସି ହୋଇ ବହି ଯାଉଥିବା ନଈର
କୁଳୁ କୁଳୁ ମନ ଲୋଭ ଶବ୍ଦ
କିଏ କେଉଁଠି କି ଯିବ
କିଏ କେଉଁଠୁ ଆସିଲା
କାହାର ଝିଅ ଖବର ଦେଇଛି ବାପାକୁ ଦେଖିବାକୁ
ବର୍ଷେ ହେଲାଣି ବାହାଘର
କାହାର ପୁଅ, ବୋହୂ ବୁଦ୍ଧିରେ ପଡ଼ି ବର୍ଷ ଗୋଟାକରେ
ଭୁଲି ଗଲାଣି ଗାଆଁ, ଘର
ମାଆ ଚାଲି ଯାଇଥିଲେ ବାପା ବର୍ଷେ ହେଲା
ଘରେ ରହିଲେଣି କାହାର।

ଏସନ କେମିତି ହୋଇଛି ତମ ଆଡ଼େ ଫସଲ
କାହା ଘରକୁ ଯାଉଛନ୍ତି କୁଣିଆ,
କେଉଁଠୁ ଆସିଲା ଦ୍ୱିତୀୟା ଭାର, ପୁଆଣି ସଜ
କେବେ ପଡୁଛି ଭାଇ ନୂଆଖାଇ, ଦୋଳମେଳଣ, ରଜ
ଆର ମାସରେ ତ ପୂଜା
କେଉଁଥିରେ ଆସୁଛନ୍ତି ମାଆ
ନୌକାରେ ନା ଗଜ ବାହନରେ ?
ଆହୁରି କେତେ କଥା ସୁଖରେ ଦୁଃଖରେ
ମନ ଭାରି ଥିଲେ ହାଲୁକା ହେଇଯାଏ
ଏମିତିକି ଆରପଟ ସ୍କୁଲକୁ ଦୈନିକ ସାଇକେଲରେ
ଯାଆ ଆସ କରୁଥିବା ନନା
କହିଲେ: ବୁଝିଲ ମନୋରଂଜନ
ଚାକିରି କାଳ ଭିତରେ ଏଇ ଘାଟ କୂଳରୁ ହିଁ ମୋର
ପଚାଶ ସରି ବନ୍ଧୁ ସୃଷ୍ଟି ହୋଇଛନ୍ତି
ଆଉ ମୋ ଜାଣିବାରେ
ଅନେକ ବି
ସେମାନଙ୍କ ଗୁରୁତ୍ୱପୂର୍ଣ୍ଣ ନିଷ୍ପତ୍ତି
ଏଇଠି ହିଁ ନେଇଛନ୍ତି...ବାଃ।

ପୋଲଟିଏ ହେଲାତ
କେହିକାହାରି କୁ ଅପେକ୍ଷା ନାହିଁ
ଯେଝା ଯେଝା ବ୍ୟସ୍ତ ଯେଝା ଯେଝା କାମରେ
ଯେଝା ଯେଝାର ଦୁଃଖରେ ସୁଖରେ
କେହି କାହାରି ମୁହଁକୁ ବି ଟିକେ ଚାହିଁବାକୁ
ସମୟ ନାହିଁ।।

■

ସେଦିନ ସକାଳେ

ଝର୍କା ପାଖକୁ ଲାଗି
ମୋ ଲେଖାଲେଖି ଆଉ ପଢ଼ାଟେବୁଲ
ଭିତରୁ ପଟୁ ଲଗେଇଥାଏ ତାରଜାଲି
ଉଦ୍ଦେଶ୍ୟ, ବାହାରପଟ କଳାକାଚର କବାଟଗୁଡ଼ିକୁ
ସବୁବେଳେ ଖୋଲା ରଖିବା ।।

ରାତି ବଢ଼ିବା ସହିତ ଯେତେବେଳେ
ଘରର ସବୁ ବତି ଲିଭିଯାଏ ଆଉ ସମସ୍ତେ
ଯେତେବେଳେ ଶୋଇଯାଆନ୍ତି ନିଦରେ,
ସେଇ ଜାଲିକବାଟ ଦେଇ ଦେଖେ:
ତାରାମାନଙ୍କ ଜୁଳୁଜୁଳୁ ଆଖିର ଆଲୁଅ
ଏତେ ପାଖରେ ଯେମିତି ହାତ ଧରାଧରି ହେଇ ବୁଲୁଥାନ୍ତି
ଜହ୍ନର ଚାଲି, ଅଶିଣ ମେଘର ଦୌଡ଼
ପଡ଼ିଶା ଘରର ଗଛଭର୍ତ୍ତି କାଠ ଚମ୍ପା
ମଲ୍ଲୀ ଫୁଲରେ ନଇଁ ପଡୁଥିବା ଡାଳ ।।

ବହିପତ୍ର କାଗଜ କଲମ ଅବିଚ୍ଛିନ୍ନ
ସେମିତି ରହିଥାନ୍ତି ଟେବୁଲ୍ ଉପରେ, ଉତ୍କଣ୍ଠିତ ଅଥଚ
ପୂରା ଚୁପ୍‌ଚାପ୍ ଯେମିତି ବାହାରେ କିଛି ଘଟୁଛି
କେତେକ ବନ୍ଦଥାନ୍ତି, ଅଧାପଢ଼ା ଅବସ୍ଥାରେ କେତେକ ମେଲା

କାହାରି ପୃଷ୍ଠାରେ ଚିହ୍ନ ଦିଆଯାଇଥାଏ
କେହି ନୂଆ ହେଇ ଆସିଥାନ୍ତି
ନାଆଁ ଲେଖା ହେଇ ନଥାଏ ଏଯାଏଁ ମୋର।।

ଦେଖେ: କର୍ମଜୀବୀ ମହିଳାଟେ ବ୍ୟସ୍ତ ଜଞ୍ଜାଳଭରା
ଛୋଟିଆ ହ୍ୟାଣ୍ଡବ୍ୟାଗ୍ ହାତରେ
ଫୋଲ୍‌ଡିଂ ଗୋଟେ ଛତା, ଗୋଟେ
ଝାଳପୋଛା ଛୋଟିଆ ଟାୱେଲ ତା' ଭିତରେ
ଚାଲିରେ ଟିକେ ବେଶି ଶବ୍ଦ ଥାଏ
ଯେମିତି କାଉମାନେ ଭାରି ବ୍ୟସ୍ତ ଚଳଚଞ୍ଚଳ
ସକାଳୁ ସକାଳୁ ନିଦ ଭାଂଗି ଦିଅନ୍ତି ମୋର।।

କେତେ ଖୁସି ଆଉ
ଆଖିରେ ସ୍ୱପ୍ନ ସବୁ ଭର ପୂର,
ଡେଣାରେ ଡାଳରୁ ଡାଳ ଉଡି ଯିବାର ନିଶା
ବେଳେବେଳେ ହଳଦୀବସନ୍ତଟେ ୟୁନିଫର୍ମରେ
ସ୍କୁଲ ଯାଉଥିବା ଝିଅପିଲାଟି ପରି
ଝର୍କା କଡ଼ଦେଇ ଚାଲିଯାଏ।।

କେତୋଟି କୁଣ୍ଡା ଚଢ଼େଇଙ୍କୁ ଦେଖେ
ମାଟିଆ ରଙ୍ଗ, କିଛି ଖାଇ ନଥାନ୍ତି
ଜରି ବେଗ୍ ଧରି ବସ୍ତି ଅଞ୍ଚଳ ପିଲାଙ୍କ ପରି
କ'ଣ ସବୁ ଫକ୍‌ଫକ୍ ଖୁଣ୍ଟି ଲାଗିଥାନ୍ତି
ତାଙ୍କ କୁନିକୁନି ଥଣ୍ଟରେ ପୁଣି,
ମର୍ଣ୍ଣିଂୱାକ୍‌ରେ ବାହାରିଥିବା ବୟସ୍କଙ୍କ ପରି ପବନ ବି
ବେଳେବେଳେ ମତେ ଡାକିଦେଇ ଯାଏ
ତା'ର ଥଣ୍ଡା ହେମାଳିଆ ଦେହର ପରଶ ଦେଇ
ମୁଣ୍ଡଟେକି ଚାହେଁ, ପଚାରେ ମନେମନେ
କିଏ କିରେ ?।।

ସେଦିନ କିନ୍ତୁ ଏପରି କିଛି ହୋଇନଥିଲା
ପଢ଼ାରେ ମଜ୍ଜି ଯାଇଥିବାରୁ
ରାତି ଜଣାପଡୁନଥାଏ,
ଛାତି ଉପରେ ବହି, ଖଟ ବାରଣ୍ଡାରେ ମୁଣ୍ଡ
ଝର୍କା ଆଡ଼େ ଗୋଡ଼ଦେଇ କେତେବେଳେ ଶୋଇଯାଇଥାଏ
ହଲେଇ ଦେଲାପରି କାହାର ସ୍ପର୍ଶରେ ନିଦ ଭାଂଗିଗଲା
ବର୍ଷାର ହାତ ଲମ୍ବିଆସିଛି ଜାଲିକବାଟ ଦେଇ ଭିତରକୁ
ପାଦରୁ ଆଣ୍ଠୁଯାଏଁ ଓଦା, ବହିପତ୍ର କାଗଜ କଲମ
ଅଧାଲେଖା କବିତା ସବୁଠି
ତା' ଓଦାହାତର ଛୁଆଁ।।

ଓଦା ସରସର ପତ୍ନୀ ଅଧା ଗାଧୁଆ
ସିଧା ଗାଧୁଆଘରୁ ଉଭା ମୋ ସାମ୍ନାରେ:
"କ'ଣ ହେଲା ଏଥର, ହେଲାଟି?"
ଖଟ ଟେବୁଲ୍ ଚଟାଣଦେଇ ଗଡ଼ିଯାଉଛି ପାଣିର
ସରୁଧାରଟିଏ
ଚାହିଁଥିଲେ ଝର୍କାର ସେ କଳା କାଚଲଗା କବାଟସବୁ
ବନ୍ଦକରି ଦେଇ ପାରିଥାନ୍ତି, ପାରିଲି କି?
ମଳ ମଳ ଆଖି, କହିଲି
କ'ଣ ଏମିତି ଅଘଟଣଟେ ଘଟିଗଲାଯେ,
ବ୍ୟସ୍ତ ହେଇ ପଡୁଛ?
କାହିଁ? କୋଉଠି, କ'ଣ ହେଲା? ଆଁ?।।

■

ମର୍ଣ୍ଣିଂ ୱାକ୍

ଗୋଟେ ମିସ୍‌କଲ୍
ମୋର ନିଦ ଭାଂଗିଦେଲା, ବିଭୁଦତ୍ତ।

ଗତ ରାତିରୁ କଥା ହୋଇଥିଲୁ
ଆସନ୍ତା କାଲିଠାରୁ ମର୍ଣ୍ଣିଂୱାକ୍‌ରେ ଯିବା।

ଆମେ ପରସ୍ପର ସାଥିହୋଇ ଚାଲିଥାଉ
କେତେବେଳେ ସେ ପାଦେ ଆଗେ ତ
କେତେବେଳେ ମୁଁ,
ଆଉ କେତେବେଳେ ଆମର ଗତି ସମାନ ଥାଏ।

ଆମ ଭିତରେ କିଛି କଥା ହେବାର ନଥାଏ
ଖାଲି ଟିକେ ଫୁଟ୍ ଫାଟ୍ ଛଡ଼ା,
ଯଦିଓ ଆମର କଥା ହେବାକୁ ଅନେକ କିଛି ଥାଏ
ଆମ ନିଜ ନିଜର ସମ୍ପର୍କରେ।

ରାସ୍ତାର ଦୁଇକଡ଼ରେ ଅନେକ
ଗଛମାନଙ୍କୁ ଅତିକ୍ରମି ଆମେ ଚାଲିଥାଉ
ଅନେକ ନୂଆ ନୂଆ ଗଛ
ମୁଁ ସେମାନଙ୍କୁ ଚିହ୍ନି ନଥାଏ
ନୂଆ ନୂଆ ଫୁଲର ବାସ୍ନା

ଆଗରୁ କେବେ ବାରି ନଥାଏ
ନୂଆ ନୂଆ ହାଲ୍‌କା ପବନ ଯାହା
ଆଗରୁ କେବେ ଅନୁଭବ କରିନଥାଏ
ଅନେକ ଚଢ଼େଇଙ୍କ କଳରବ
ଆଗରୁ କେବେ ଶୁଣିନଥାଏ
ଗୋଟେ ଚଢ଼େଇକୁ ଦେଖି ପଚାରେ
ଏଇଟି କୁମ୍ଭାଟୁଆ ନା' କାଠହଣା ?
ଗୋଟେ ଚଢ଼େଇର ସ୍ୱର ଶୁଣି ମତେ ଲାଗିଲା
ସେ ଯେମିତି କହୁଛି କୁଅଡ଼େ ହୋ-କୁଆଡ଼େ ହୋ
ଆଉ କେତେକ ଚଢ଼େଇଙ୍କ
ଏକକାଳୀନ ପରଝାଡ଼ିବାର ଶବ୍ଦ ଯେମିତି ଲାଗିଲା
ଆମକୁ ଦେଖି ହସାହସି ହେଉଛନ୍ତି ।

କଥା ପ୍ରସଂଗରେ ବିଭୁଦତ୍ତଙ୍କୁ ପଚାରେ
ଏଇଟି କି ଫୁଲ ?
ସେଇ ଗଛଟିର ନାଆଁ କ'ଣ ?
ସେ କିଛି କହିବାକୁ ଯାଇ ଥଥ ମମ ହୁଅନ୍ତି
ମୋ ପରି ଠିକ୍‌ରେ କହିପାରନ୍ତି ନାହିଁ ।
ତାଙ୍କ ମୁହଁରୁ ଖାଲି ଏତିକି ଶୁଣେ
ମଣିଷମାନଙ୍କ ପରି ଗଛମାନଙ୍କର ବି ନାଆଁ ଅଛି
ଯେମିତି ତମେ ମନୋରଂଜନ ମୁଁ ବିଭୁଦତ୍ତ
ତାଙ୍କ ନାଆଁ ମନୋରମା, ସେ ମଧୁସ୍ମିତା
ଏଇଟି ଚାକୁଣ୍ଡା ସେଇଟି ଶିରିଶ, ଇଏ ମଧୁମାଳତୀ
ସିଏ କନିଅର ।

ଆଉ ଶୁଣେ ବି, ସକାଳର ସେଇ ନୂଆ ନୀରବତା ଭାଂଗି
ଆମ ପଛେ ପଛେ ଚାଲୁଥିବାର
କାହାରି ପାଦଶବ୍ଦ ।।

■

ପୌଷର ଦିନଟିଏ

ଧାନ କଟାକଟି ସରିଯାଇଥାଏ
କିଛି ରହି ଯାଇଥାଏ ।

ଖଳାକୁ କେଉଁଠି କେଉଁଠି ବୁହା ଚାଲିଥାଏ
କେଉଁଠି ଗଦା ଛାଉଁଣି ସାରି ଚାଷୀଟିଏ
ମୁଣ୍ଡରୁ ଠେକା ଖୋଲି ଝାଡ଼ିଝୁଡ଼ି ହେଉଥାଏ
ଆକାଶକୁ ଚାହେଁ ନା, ମେଘ ହେବାର ନଥାଏ
କେଉଁଠି କେଉଁଠି ଖଣ୍ଡେ ଅଧେ ଆଖିରେ ପଡ଼େ
କୁଆଡ଼େ ଚାଲିଥାଏ ମେଘ ?

ଘରେ ଘରେ ଲକ୍ଷ୍ମୀପାଦ ଚିତା
ଜୀବନ ଚଳଚଞ୍ଚଳ, ଚଳନ୍ତି ପ୍ରତିମା
ସଂଜ ହେବାକୁ ଢେର ସମୟ ବାକିଥାଏ
ଜହ୍ନ ଉଠିନଥାଏ ।।

ଦୁଇଟି ବଣି ସାଂଗ ହୋଇ ଆସନ୍ତି
କିଛି କୁଟାକାଠି ଧାନସିଶା ଥଣ୍ଟରେ ଧରନ୍ତି
ଉଡ଼ିଯାଆନ୍ତି ।

ଚିଲଟିଏ ଆକାଶରେ ଉଡୁଥାଏ ।
କିଛି ଧଳାବଗ ଆଉ କିଛି ମାଟିଆ ବଗ
ପଡ଼ିଆରେ କ୍ରିକେଟ ଖେଳୁଆ ପିଲାଙ୍କ ପରି
ଛିଡ଼ା ହୋଇଥାନ୍ତି ମେଳି କରି ଫାଙ୍କା ବିଲରେ
ଆଉ ମଝିରେ ମଝିରେ ଏଠୁ ସେଠିକି ସେଠୁ ଏଠିକି
ଉଡ଼ିଯାଆନ୍ତି ଖପ୍‌କିନା ଧରିପକାନ୍ତି ଥଣ୍ଟରେ କ'ଣ ସବୁ
ଖୁସିରେ ଫୁଲି ଉଠନ୍ତି ।

କିଛି ଗାତୁଆ ମୂଷା ସତର୍କତାର ସହିତ
ବୋହି ନେଉଥାନ୍ତି ଧାନକେଣ୍ଡା ଗାତ ଭିତରକୁ
ବର୍ଷକ ପାଇଁ ।

କେତୋଟି ଗୁଣ୍ଡୁଚି ମୁହଁ ପୋଛି ପକାନ୍ତି
ଦୁଇ ଗୋଡ଼ରେ ଛିଡ଼ାହୋଇ ଇଆଡ଼େ ସିଆଡ଼େ ଚାହିଁ ବସନ୍ତି ତ
କେହି କେଉଁଠି ନଥାନ୍ତି, ଖୁସିରେ ଗଡ଼ିଯାଆନ୍ତି
ଧାନଗଦା ଉପରେ,
ଆଉ ଥୋଡେ ଟିକି ଚଢ଼େଇ ଫୁରୁର୍ ଫାର୍‌ର୍ ହେଉଥାନ୍ତି
ସେମାନଙ୍କ ତଣ୍ଟି ପଡ଼ି ଯାଇଥାଏ ଯେମିତି
କିଛି ଭାଗବଣ୍ଟାରେ ବ୍ୟସ୍ତ ଥିବା ପରି
ଜଣା ଯାଉଥାନ୍ତି ।

କେଉଁଠି ଧଣୁଆ ଗାଈଟିଏ ହେମାଳୁଥାଏ ଚରା ଛାଡ଼ି
କିଛି ଦୂରକୁ ଚାଲି ଯାଇଥାଏ ତା'ର ଛୁଆ
କାଉଟିଏ ତା' ପିଠିରେ କେତେବେଳୁ ବସିଥାଏ ତ
ତା'ର ନିଘା ନଥାଏ ।

ଦୁଇ ସାଂଗ ବହୁଦିନ ପରେ ଦେଖା ବାଟରେ
କାମ ଦାମ ସାରି ଜଣେ ବାହାରିଛି ଝିଅଘରକୁ ତ
ଆର ଜଣକ ବୋହୂ ଘରକୁ
ଉଭୟେ କୋଳାକୋଳି ହସଖୁସି
କେହି କାହାରିକୁ କହନ୍ତି ନାହିଁ
ସେମାନଙ୍କର ଦୁଃଖ କ'ଣ

କ'ଣ କହିହୁଏ ଏବେଳରେ
ପୌଷର ଏମିତି ଏକ ଦିନରେ।।

∎

ପହିଲି ଶୀତୁଆ ସକାଳେ

ମୁଁ ଥାଏ ଶୀତ ବସ୍ତ୍ରରେ
ହାତରେ ଗ୍ଲୋବ୍‌ସ୍ ଆଉ ମୁଣ୍ଡରେ
ଉଷୁମ୍ ଟୋପି ।

ସକାଳୁ ସକାଳୁ ବାହାରି ପଡ଼ିଥାଏ
ମୋ ସ୍କୁଟିରେ
ଥାଏ ବି ବ୍ୟସ୍ତରେ ।

କେଉଁଠିଥିଲା ହଠାତ୍ ଆସି
ବାଟ ଓଗାଳିଲା;
ଯେମିତି ଅନେକ ଦିନର ପରିଚିତ
ସମ୍ପର୍କ,
ଟିକେ ଅଟକି ଗଲି
ମୁହଁକୁ ଏପଟ ସେପଟ କଲି
କିଛି ମାନିଲାନି
ସାମ୍ନା ସାମ୍ନି ହେଲା,
ମୋ ମୁହଁ ସାମ୍ନାରେ ତା'ମୁହଁକୁ ରଖି
ମୋଦେହରେ ପିଟି ହେଲାପରି
ଛୁଇଁ ଦେଇ ଚାଲିଗଲା ।।

ଯେମିତି ମୋ ଅଗୋଚରରେ
ଅକସ୍ମାତ୍ ଏସବୁ ଘଟିଗଲା(?)
ଆଉ ମୁଁ ବୋକା
ସେ' ଚାଲାକ୍ ବୋଲି
କହି ଦେଇଗଲା ।

ଗାଡ଼ିରୁ ଓହ୍ଲେଇ ଛିଡ଼ାହେଲି
ତାକୁ ପଛରୁ ଚାହିଁଲି
ଇଏ କ'ଣ ସେଇ ପ୍ରଜାପତି(?)
ଯିଏ, ଦିନେ,
ବସନ୍ତଋତୁର ଗୋଟେ ମୁହଁ ସଂଜବେଳେ
ମୋ ଘର ଭିତରକୁ ପଶିଆସି
ମୁଁ ବସିଥିବା ମୋ ପାଖ ସୋଫାରେ
ବସିଥିଲା, ଆଉ
ଆମେ ସାଂଗ ହେଇ ଟିଭିରୁ
ଗୀତ ଶୁଣିଥିଲୁ ।।

■

ଏ ଥର ପୂଜା ଛୁଟିରେ

ସକାଳ ଚାଲି ରୁ ଦୁଇ ବନ୍ଧୁଙ୍କ କଥାବାର୍ତ୍ତା
କେବେ ଗାଁ କୁ ଯିବା ? ପୂଜା ଛୁଟି ।
ବର୍ଷକରେ ଥରେ ପୂଜାଛୁଟି
ଗାଁ କୁ ଯିବା ଗାଁ ବୁଲିବା ନୂଆ ପୁରୁଣା ଭେଟ ହେବା
ବାପା ମାଆଙ୍କୁ ଟିକେ ଦେଖିବା ସେଇ ବର୍ଷକରେ
ଥରେ ତ ।

ଏବେ ସାହିସାହିରେ ମେଢ଼ ଆଉ ମେଲଣ
ସିକାକୁଲମରୁ ବାଜାବାଲା
ସୋନାଗାଛିରୁ ଅର୍ଦ୍ଧନଙ୍ଗୁଳି ନାଚବାଲୀ ଝିଅପିଲା ।

ଫୋନ୍ ଆସିଛି, ବୁଢ଼ାର ପାଦ କି ତଳେ ଲାଗୁଛି
ଦୁଇବର୍ଷର ନାତି ଟୋକା ସହ ପୁଅବୋହୂ
ଗାଆଁକୁ ଆସିବେ ।

କଣ୍ଟିଆର ବିଅଲିଧାନରୁ ଯନ୍ତ୍ରରେ ଭାଙ୍ଗିରଖିଛି ଦେଶୀ ଚୁଡ଼ା
ଜଗିରଖି ଡିଲର ପାଖରୁ ଏପିଏଲ୍ କାର୍ଡ଼ରେ ଗହମ ଆଣି

ଧୋଇ ଶୁଖେଇ ପେଷେଇ କରି ରଖୁଛି ଅଟା
ଯୋଗାଡ଼ କରି ରଖୁଛି କେନାଲ କୂଳ ଜମିର
ବାସୁଆ ଭୋଗୀ ସରୁ ଅରୁଆ

ବୋହୂ ବାପଘରୁ ଆଣିଥିବା ଡବଲବେଡ୍, ସୋଫା
ଡ୍ରେସିଂ ଟେବୁଲ୍ ଦିନକ ଆଗରୁ ଝାଡ଼ିଝୁଡ଼ି
ସଫାକରି ରଖୁଛି
ନାତି ଟୋକାର ତିନିଚକିଆ ଠେଲାଗାଡ଼ିଟା ବି ।
ପୁଅ ଫୋନ୍‌ରେ କହିବା ମୁତାବକ ବୁଲି ବୁଲି
ବାଜରରୁ ଆଣିଛି ନାତି ପାଇଁ ଜନସନ କମ୍ପାନୀର
କାନପୋଛା ତୁଳା ବଡ୍ସ, ରେକ୍‌ଟିଫାଏ ସ୍ପିରିଟ୍
ଚାରି ନମ୍ବର ବାଲା ସେରେଲାକ୍, ମାଗି
ଅଲଗା ଅଲଗା ଦାନ୍ତଘଷା ବ୍ରସ୍, ନନ୍‌ଷ୍ଟିକ୍ ତେଲ
ଦେହଲଗା ପାଉଡ଼ର, ଲିରିଲ୍ ସାବୁନ୍, ପେଷ୍ଟ୍

ସେମାନେ ମର୍ଣ୍ଣିଂଓ୍ୱାକ୍‌ରେ ଯିବେ
ନଇବନ୍ଧରେ କେଉଁ ଆଡ଼କୁ ଗଲେ
ସାହି ଲୋକଙ୍କର ଆଖିରେ ପଡ଼ିବେନି
ବୁଢ଼ାର ଚିନ୍ତା ।

ପୂଜାଛୁଟିରେ ପୁଅ ବୋହୂ ନାତିର ସେବା କରୁ କରୁ
ବୁଢ଼ା ବାପାଟି ଆହା.... ।

■

ମୌସୁମୀ ୨୦୧୫

ପ୍ରଥମ ମୌସୁମୀ ଯେତେବେଳେ
ଆମ ଗାଆଁ ଛୁଇଁଲା ସେଦିନ ଥିଲା
ଜୁନ୍ ଚଉଦ ପହିଲି ରଜ।

ମୁଁ ଥାଏ ବନ୍ଧୁଙ୍କ ଘରେ ରଜମଉଜରେ

ସେଦିନ ଥିଲା ରବିବାର
ସମ୍ବାଦ ସାହିତ୍ୟ ପୃଷ୍ଠାରେ ସେଦିନ ବି
ବାହାରିଥିଲା କବିତା ପଛର କଥା
କବି ମୋନାଲିସା ଜେନାଙ୍କର
"କବିତା ଲେଖିଥିବା ସମୟର ପ୍ରତ୍ୟେକ ମୁହୂର୍ତ୍ତ
ତାଙ୍କୁ କିଭଳି ମୃତ୍ୟୁଦଣ୍ଡ ଭଳି ଲାଗେ"
ସେ କଥା ପଢ଼ିଲା ବେଳେ
ମୌସୁମୀର ବର୍ଷା ତାର ବୁନ୍ଦା ମାରିବା
ଆରମ୍ଭ କରିଦେଇଥିଲା।

ମୁଁ ଉତ୍କଣ୍ଠିତ
ମୋର ଧ୍ୟାନ ଥାଏ ଦୁଇ ଆଡ଼େ
ତେଣେ ଆକାଶ ଆଡ଼େ ତ ଏଣେ
ସମ୍ବାଦର ସାହିତ୍ୟ ପୃଷ୍ଠାରେ।

ଲଗାଣ ବର୍ଷାର ସମ୍ଭାବନା ଦେଖି
ଯିଏ ଯୁଆଡ଼େ ଧପାଳି ଥାନ୍ତି
ଏବେ ରାସ୍ତା ଶୁନ୍ ଶାନ୍
ବନ୍ଧୁଙ୍କ ଘରେ ମୋର ପଢ଼ା ଚାଲିଥାଏ
ପଢ଼ା ସରିବା ପରେ ମୁଁ ବି ବାହାରିଲି
ଘରମୁହାଁ,
ମୋ ଆକ୍‌ଟିଭା ଷ୍ଟାଟ୍ କଲି ।

ବର୍ଷା ତା'ର ଲଗାଣ ଆରମ୍ଭ କରି ଦେଇଥାଏ
ଘରେ ପହଁଚିଲା ବେଳକୁ
ସମ୍ପୂର୍ଣ୍ଣ ଓଦା ହୋଇ ଯାଇଥିଲି
କେମିତି,
ଜାଣିପାରିନଥିଲି ।।

■

କେହିବି କାହାରିକୁ ଦେଖିନଥାନ୍ତି

କେହିବି କାହାରିକୁ ଦେଖିନଥାନ୍ତି
ପାହାଡ଼ର ଖୋଲରେ ନଦୀ ଥାଏ
କବି ଥାଏ ଜରାୟୁରେ
ଆଖିରେ ଧୂଆଁ ଦେଇଯାଏ କୁହୁଡ଼ି
ଈଶ୍ୱର ଥାନ୍ତି ସାକ୍ଷାତ୍କାରରେ
କେହିବି ଦେଖିନଥାନ୍ତି,
କେହିବି କାହାରିକୁ ଦେଖିନଥାନ୍ତି ।।

କେହି ଜଣେ ପାଦ ବଢ଼ାଏ
ଡୋରି ବାନ୍ଧେ ଭାତସହ ରକ୍ତର ସମ୍ପର୍କ
ପଦ୍ମନାଡ଼ରେ ରାତି ପାଏ
ଖରାଫୁଟେ ଦେହରେ
ନିବୁଜଘର ନୀଳ ନକ୍ଷତ୍ର ଆଲବମ୍‌ରେ
ଜାଲ ଭିତରେ ଛନ୍ଦି ହେଇ
ଜାଲ ବୁଣୁଥିବା
ବୁଢ଼ୀଆଣୀ ଜାଲରେ ।।

ଖରା ଫୁଟିବା କଥା ଫୁଟୁଥାଏ
ମଣିଷ ଜଣେ ପାଦୁଟିଏ ଆଗକୁ ବଢ଼ାଏ ।।

କେହି ବରଫ ପାଖକୁ ଯାଏ
ଦେଖେ ନିଜ ନାଆଁ ଲେଖା ଯାଇଛି
ମୁଣ୍ଡ ଉପରେ ଲେଖା ଯାଇଛି ସୂର୍ଯ୍ୟ
ପାହାଡ଼ ଉପରେ କେହି
ଡେଣାଟିଏ ପାଇ ଉଡ଼େ ଉଡ଼ିବୁଲେ
କ୍ଳାନ୍ତହୁଏ, ଖସେ
ସମୁଦ୍ର ଭିତରେ ଶବ୍ଦ ଖାଲି ଶବ୍ଦ
ଶବ୍ଦ ଭିତରେ ବୁଡ଼ି ଅଣନିଶ୍ୱାସୀ ହୁଏ ।।

କେହି ପ୍ରସ୍ତର ଭିତରକୁ ଆସେ
ହୁତ୍ ହୁତ୍ ନିଆଁ ଦାଢ଼ରେ ଜଙ୍ଗଲ,
ଅନ୍ଧାର, ବସ୍ତ୍ରତଳେ କ୍ଷୁଧାର୍ତ୍ତ ମଣିଷ
ଅଭିଶପ୍ତ ।

"ହାୟରେ କ୍ଷୁଧାର୍ତ୍ତ
ହାୟରେ ଅଭିଶପ୍ତ ମଣିଷ
ଏଇ ପାଶାଣ ତୁମ ଶରୀର ହେଉ କହେ"
ରାସ୍ତା ତମାମ୍ ଦୁର୍ନିର୍ବାର ନିଶ୍ୱାସ ଉଲ୍ଲାରୀ
ପାଦୁଟିଏ ଆଗକୁ ବଢ଼ାଇଛିତ
କେହି ଶୁଣେ ପ୍ରତି ମୁହୂର୍ତ୍ତରେ
ଏଠି ସେଠି ସବୁଠି କିଛିନା କିଛି
ଭାଂଗି ରୁଜି ଯିବାର ଶବ୍ଦ, ଅଥଚ
ଏ ପୃଥିବୀ ଯେମିତିକୁ ଠିକ୍
ସେମିତି ଥାଏ ।।

■

ତଥାପି ମଣିଷଟିଏ

ଗୋଟେ ମଣିଷ ସହିତ
ରକ୍ତ ଜୁଡୁବୁଡୁ ରାତିର ଜରାୟୁ ଚିରି
ଗୋଟେ ଲାଲ୍ ସୂର୍ଯ୍ୟ
ଜନ୍ମ ନିଏ ।।

ମଣିଷଟିଏ ଋତୁ ସହ
ପାଦ ମିଳାଏ
ଦେହ ମେଲିଦିଏ –ଗୋଟେ ପଦ୍ମ
ଗୋଟେ ଛାତି
ଗୋଟେ ରୁକ୍ଷ ଭଙ୍ଗିଳ ପର୍ବତ
ଗୋଟେ ପେଟ
ଗୋଟେ ଖାଁ ଖାଁ ମରୁଭୂମି
ଗୋଟେ ଯୋନି
ଗୋଟେ ଜୀବନ୍ତ ଆଗ୍ନେୟ ଗିରୀର
ଲାର୍ଭା ଗର୍ତ୍ତ ।

ଅନ୍ଧାର ଭିତରୁ ସମ୍ପର୍କ ଖିଏ
ଦୋହରେଇ ଯାଏ
ଋତୁ ବଦଳି ଯାଏ
ତଥାପି
ମଣିଷଟିଏ
ଜିଇଁ ରହିଥାଏ ।।

ନଦୀମନସ୍କ

ଉପର ମୁଣ୍ଡରେ
ବର୍ଷା ହେଲେ
ନଦୀରେ ପାଣି ଆସେ
ତଳକୁ ମୁହାଁଇ କୂଳ ଲଂଘେ
ନଦୀ ।

ନାଗରୀ ପଣରେ
ନଦୀର ଉପର ମୁଣ୍ଡରେ
ଗାଧୋଉଥିବା
ସେଇ ଝିଅ,

ଏବେ, !
ନଦୀଟା ଯାକର ପାଣି
ଅଟକି ଯାଏ
ତା' ଦେହରେ
ତା' ଆଞ୍ଜୁଳାରେ ॥

■

ପିଲାଦିନ

ଘରେ କାହିଁକି ଯେ ଏତେ ନଜର ରଖନ୍ତି
କିଛି ବୁଝି ପାରେନି।
ସାଙ୍ଗମାନେ କାହିଁକି ଏତେ ଖେଳିବାକୁ ଡାକନ୍ତି
କିଛି ଜାଣି ପାରେନି।
ସାର୍ କାହିଁକି ଯେ ଏତେ ପ୍ରଶ୍ନ କରନ୍ତି
କିଛି ଭାବି ପାରେନି।

ଦିନେ ବୁଢ଼ୀମାଆର ସ୍ନେହ ମିଶା ଗାଳିରେ
ଚଗଲାମୀ କରି ଘରୁ ବାହାରକୁ
ଦୌଡ଼ି ଯାଉଥିଲି ଯେ ଏରୁଣ୍ଡିବନ୍ଧ ଝୁଣ୍ଟି
ଛିଡ଼ିଗଲା ବୁଢ଼ାଆଙ୍ଗୁଠିର ନଖ।

ଦିନେ କଳା ମିଚିମିଚି ଅନ୍ଧାର ରାତିରେ
ବୋଉ ପାଖରେ ଜିଦ୍ କଲି
ଜହ୍ନ ଦେଖିବାକୁ,
କହିଲା: "ହେଇ ବାଘ ମାମୁ"।

ଖରାବେଳଟାରେ
ଖଣ୍ଡିଆଭୂତ ଦେଖି
ତାଳିମାରି ନାଚିଲି
ଧୂଳି ପଶିଗଲା ଆଖିରେ ।

ପୋଖରୀରେ ସାଂଗ ହେଇ
ଗାଧୋଇଲାବେଳେ ମୀନା ଅପା ନାନୀର ନଣନ୍ଦ
ମୁଁ ପହଁରୁଥିବାବେଳେ
ମିଛୁଟାରେ ବୁଡ଼ିଯିବୁ ବୁଡ଼ିଯିବୁ କହି
ପାଣିଭିତରେ ତା' ଛାତିରେ କାହିଁକି ଯେ ମତେ
କୁଣ୍ଢେଇ ଧରେ ମୁଁ ବୁଝିପାରେନି ।

ବାପାଙ୍କ ତାଗିଦ୍
ଉତ୍ତିଷ୍ଠତ, ଜାଗ୍ରତ...
ଉଠ ଜାଗ ଲକ୍ଷ୍ୟ ପ୍ରାପ୍ତି ନହେବାଯାଏ
ବିଶ୍ରାମ ନାହିଁ";
ଯେଉଁ ପ୍ରଜାପତିଟିକୁ ଦେଖି କୌତୁହଳରେ
ତାକୁ ଧରିବାକୁ ଛପି ଛପି ଗଲି
ଧରୁ ଧରୁ ଖସିଗଲା
ଏବେ ତାର ଖଣ୍ଡେ ଛିଣ୍ଡା ଡେଣା
ମୋ ହାତରେ ।।

■

ରେଳ ପଥ

ଏତେ ନିରୋଳା, ସ୍ଥିର
କୋଳାହଳ ଶୂନ୍ୟ
ଆଉ କେଉଁଠି ଦେଖିନି ।

ଜୀବନର ଅନ୍ତିମ ଯାତ୍ରାର ଆଧାର ପରି
ପଡ଼ିରହିଛି, ଅଥଚ
କେତେ ଜୀବନ୍ତ ଚଳ ଚଞ୍ଚଳ
ଆଖି ପାଉନାହିଁ ।

ସବୁଥିରେ ଗୋଟେ ନିରୋଳା ପଣ
କୋଳାହଳ ଶୂନ୍ୟ
ଜହ୍ନ ଆଲୁଅ
ପବନ ମେଘ ଶିଶିର
ସୂର୍ଯ୍ୟ କିରଣ, ଉତ୍ତାପ
କୁହୁଡ଼ି, ଅନ୍ଧାର
ଯେତେ ଯେତେ ଚଢ଼େଇଙ୍କ ସ୍ୱର ।

ଯାହା କୁହ
ଗଛମାନେ ବି କେତେ ସ୍ୱଷ୍ଟ
ଧିର ଧ୍ୟାନସ୍ଥ
ପରସ୍ପରକୁ ମୁହଁ କରି
କଥା ହେଉଥାନ୍ତି ।

ସବୁଥିରେ ଏତେ ନିରୋଳା ଭାବ
ଆଉ କେଉଁଠି ଦେଖିନି !

ସତ କହିବାକୁ ଗଲେ
ଥରେ ତା'ରି ଉପରେ ଆସି ବସି ପଡ଼ିଲେ
ତା'ର ସେ ଆଖି ପାଉନଥିବା
ଅସରନ୍ତି ଯାତ୍ରାପଥ ଉପରେ
ଫେରିବାକୁ
ଇଚ୍ଛା କରେନି ।।

■

ଆମର ପିଲାମାନଙ୍କ ପାଇଁ

ମୁଁ ମଣିଷରୁ ହେଇ ଯାଉଛି
ନିଆଁ
ପାଣି
ପବନ
ମାଟି
ଆକାଶ
ତୁମର ଆବଶ୍ୟକତା ଅନୁଯାଇ
ନିଅ, ମତେ କାମରେ ଲଗାଅ
କିନ୍ତୁ
ଧ୍ୟାନ ରଖ,
ଟିକିଏ ବି ଅନୁତାପ
ଛାଡ଼ି ଯାଅନାହିଁ
ଆମର ପିଲାମାନଙ୍କ ପାଇଁ।।

ଓଡ଼ିଶୀ

ହଁ, କ'ଣ କ'ଣ ସବୁ କରିବାକୁ ହେବ
ଠିକ୍ କରିନିଏ।

ବିଛଣା ଝାଡ଼ି
ପୁଅକୁ ଖିର ଦେବାକୁ ହେବ

କାଲିଠାରୁ ଆଲଣାରେ ପଡ଼ିଛି
ଏୟାଙ୍କର ପ୍ୟାଣ୍ଟ୍ ସାର୍ଟ
ୱାସିଂ ମେସିନ୍‌ରେ ପକେଇ ଦେଲେ
କାମ ଶେଷ।

ଘର ପୋଛା, ଗାଧୁଆ ପାଧୁଆ
ସକାଳ ଜଳଖିଆ
ମାଳଗୁନ୍ଥା ଠାକୁର ପୂଜା
ସଅଳ ସାରିବାକୁ ହେବ

ସବୁ ଅଳସୁଆମୀକୁ ଚାବି ନେନ୍ଥାରେ ଗୁନ୍ଥି
କାନିରେ ବାନ୍ଧି ପଛକୁ ପକେଇ ଦେବାକୁ
ହେବ।

ଶାଶୂଙ୍କ ଘର ଜଗିବା
ଭଲମନ୍ଦ ପଚାରି ବୁଝିବା
ଶ୍ୱଶୁରଙ୍କୁ ଠିକ୍ ସମୟରେ ଡାଏଟ୍ ଦେବା
ନଣନ୍ଦର ଡେରିରେ କଲେଜ ଫେରିବା, ଏସବୁ
ଖିଆଲରେ ରଖିବାକୁ ହେବ ।

ବନ୍ଧୁ ଆସିବାକୁ କହିଥିଲେ
ଏଯାଏଁ ଆସିଲେନି, ଦେଖେ
କଲ୍ କରେ, କ'ଣ କହୁଚନ୍ତି
ତେଣେ କେଳୁଚରଣ ମହାପାତ୍ର
ସଂଯୁକ୍ତା ପାଣିଗ୍ରାହି ଫାଉଣ୍ଡେସନର
ପ୍ରୋଗ୍ରାମ, ଯିବାକୁ ହେବ ।

ମୁଁ କହୁଥିବା କଥା
ଯେତେ ସହଜ ମନେହୁଏ
ପ୍ରକୃତରେ କ'ଣ ସେତେ ସହଜ କି
କାମରେ କରିବା ।

କାଲିର ବଳିଥିବା ଭାତ
ସଂଜ ପହରକୁ ପଖାଳି ଦେଇଥିଲି
ଆଜି ତାକୁ ଯତ୍ନରେ ଛାଣି
ପାଣି କଂସାଏରେ ମିଶାଇଦେଲେ
ଭାବୁଚି ଦିନବେଳା
ଚଳିଯିବ,

ଚଳିଯିବନିକି
ଭାବୁଚି କ'ଣ ?

ରେଳଧାରଣା କଡ଼େ

ଅତିକ୍ରମି ଆସେ ।

ଦୁର୍ଗମ ହେଲେ ମଧ୍ୟ ପ୍ରାକୃତିକ ସମ୍ପଦରେ ଭରା
ବଣ ପାହାଡ଼, ଗଛ, ଯାହା
ସଭ୍ୟ ମଣିଷର ଦୃଷ୍ଟି ଆକର୍ଷଣ କରେ
ପବନର ମଧୁରତା, ପକ୍ଷୀ ଯେ, କି
ନୀଡ଼ ଛାଡ଼ି ଆସିଥାଏ ଆଉ ଫେରିଯିବାକୁ
ତା'ର ସାଥୀ ପକ୍ଷୀଟିକୁ ତା'ରି ଭାଷାରେ
କହୁଥାଏ,
ପୂର୍ଣ୍ଣମୀ ରାତିର ଜହ୍ନ
ଭୋଦୁଅର ଉତ୍ତରା ମେଘ
ପ୍ରେମିକ ପ୍ରେମିକା,

କଲେଜ ପଢୁଆ ଝିଅଟେ ତା'ର ଠିକଣା ଯାଗାରେ
ଓହ୍ଲେଇ ପଡ଼େ ଆଉ ଦୈନିକ
ଯାତ୍ରୀମାନେ ଯେଉଁମାନେ ଉଠନ୍ତି ଓ
ନିଜ ନିଜ କର୍ମକ୍ଷେତ୍ରକୁ ଯାଆନ୍ତି ଆଉ
ଅପେକ୍ଷା କରିଥାନ୍ତି
ଫେରିବାକୁ ।।

ବିରହ କାନ୍ଦଣା
ହସ ଖୁସି ବିଦାୟ ଆଲିଙ୍ଗନ
ଭିକାରୀଟିର ଅଳି
ଖିର ପାଇଁ ମାଆ ପାଖରେ ଜିଦ୍ କରୁଥିବା କୁନିପିଲା
ସବୁଙ୍କୁ ଅତିକ୍ରମୀ ଆସେ
ପହଞ୍ଚେ,

ଆକାଶ ଆଉ ମୁଁ ସେମିତି
ଠିଆ ହେଇଥାଉ।।

ହିମାଳୟ

ହିମାଳୟ ଏପଟରେ
ମୁଁ ଥାଏ
ମୋ ଦେଶ ଥାଏ ।।

ଆକାଶ ଥାଏ
ମେଘ ଥାଏ
ଚନ୍ଦ୍ର ସୂର୍ଯ୍ୟ, ତାରା ଥାଏ
ନଦୀ ଝରଣା
ଆଖି ପାଉନଥିବା ଜଙ୍ଗଲ
ପଶୁ ପକ୍ଷୀ
ଦେବା ଦେବୀ
ମୁନି ଋଷି ପ୍ରାଚୀନ ପ୍ରତ୍ନତତ୍ତ୍ୱ
ଶିଳାଲେଖ
ବିରହୀ ଯକ୍ଷଟିଏ ଥାଏ ।।

ହିମାଳୟ ସେପଟରେ
କିଛି ନଥାଏ
ହିମାଳୟ ଟିଏ ଛଡ଼ା ।।

ପୌଷର ଜହ୍ନ ଆକାଶ

ଅଳ୍ପ ଶୀତ
କୋହଲା ଆକାଶ
ଅଧରାତି ଯାଏ ନଈକୂଳରେ ବସିଲେ
ଦେହ ଓଦା ହେଇଯାଏ
ପୁଅଟିଏ ଝିଅଟିଏ ହାତଧରା ଧରି ହେଇ
ଚାଲିଥାନ୍ତି,ସେମାନଙ୍କୁ
ବୟସ ପଚାରିବା ମନା

ରାତିର ଅନ୍ଧାର ଚିରି ପବନରେ
କେଉଁଠୁ ଗୋଟେ ବଂଶୀର ସ୍ୱର ଭାସିଆସେ
ଆମର ଭାବନା ଭିତରକୁ ପଶିଆସେ ରହିରହି
ପତ୍ରମାନଙ୍କର ଶିର୍ ଶିର୍ କୋଳାହଳ
ଟିକିଏ ବି ଯାଗାନଥାଏ
ପାଦ ରଖିବାକୁ ଅନ୍ଧାରର
କେଉଁଠି ଦେଖା ହେବ
ତମ ସହ ?
ଦୁଇଟୋପା କାକର ବିନ୍ଦୁ ଖସିପଡ଼େ
ଜହ୍ନ ଦେହରୁ।।

କୁନି ପିଲାର କଥା

ତ' ସ୍ୱର୍ଗରେ ନଥାନ୍ତି ଦେବାଦେବୀ
ସେ ନିଜକୁ କେବେ ବିରାଟ ବୋଲି ଭାବେନି
କେବେ ଆତ୍ମଗର୍ବରେ
ଫୁଲି ଉଠେନି ତା'ର ଛାତି ।

କଅଁଳ ଘାସଉପରେ ସେ ଚାଲିଯାଏ ତ
ଘାସ ଆପଣାଛାଏଁ ପତାଇଦିଏ ଛାତି
ଫୁଲ ଫୁଟାଏ ତା'ର ପାଦ ତଳେ
ମାଟିରେ ଗଡ଼ିଯାଏତ ଧୂଳିହେଇ ମାଟି
ତାକୁ ନୂଆ ରୂପରେ ସଜାଇ ଦିଏ ।

ତା'ପାଇଁ ଲାଇକା କୁକୁର
ନାସାର ଚନ୍ଦ୍ରଯାନ କିଛିମାନେ ନଥାଏ
ସବୁବେଳେ ତା'ର ଜହ୍ନମାମୁଁ ତା' ସାମ୍ନାରେ
ଯାଆ ଆସ କରୁଥାଏ,
ତା'କୁ ବୋକ ଦିଏ
ତା' ମାଆକୁ ଗୀତ ଦିଏ ।

ସବୁ ଋତୁ ଫୁଲ ଫୁଟାନ୍ତି ତା'
ହସିଲା ପୁରିଲା ପୃଥିବୀରେ ତା' ପାଇଁ
ସେ କିନ୍ତୁ ଫୁଲଟିଏ ଛିଣ୍ଡାଏନି
କେଉଁ ଈଶ୍ୱରଙ୍କୁ ଅବା
କାହାରିକୁ ଦେବାପାଇଁ।

ସମୁଦ୍ର ଦେଖି ଉତ୍‌ଫୁଲ୍ଲିତ ହୁଏ ସେ
କେତେ ପାଣିଥାଏ ସେଠି
ତା'ର ଜାଣିବା ଦରକାର ନଥାଏ।

ଝଡ଼ ତାକୁ ଡ଼ରାଇ ପାରେନାହିଁ
ଯୁଦ୍ଧରେ କି ଆତଙ୍କରେ
ତା'ର କିଛି ଧାର ଧାରିବାର ନଥାଏ
ଅନ୍ଧାର ତା'ର ପଥରୋଧ କରିପାରେ ନାହିଁ
ଯେତେ ଯାହା ରଂଗ ଦେଲେବି
ଚିତ୍ରକଳା ତାକୁ ଧରିରଖି ପାରେ ନାହିଁ
ତା' ପାଇଁ କେଉଁଠି କିଛି ବାଡ଼ ନଥାଏ
ରାତିର ତାରାମାନଙ୍କୁ ଦେଖି ଧରିବାକୁ
ହାତ ବଢ଼ାଏ ଯେତେବେଳେ
ଆକାଶ ତା' ଆଡ଼କୁ ନଇଁ ଆସେ।

■

ପବନ

ସମୁଦ୍ର ମତେ ଅଟକେଇ ପାରେନାହିଁ
ଜୁଆର ନେଇ ମୁଁ ଆସେ
ଛନ୍ଦି ହୋଇ ପଡ଼େ
ନୋଳିଆର ଜାଲରେ ।।

∎

କଥାରେ କଥାରେ

କଥାରେ କଥାରେ
କିଛି କହିବି ବୋଲି ଭାବିଥିଲି
କହିପାରିଲି ନାହିଁ।

ସାଥିହୋଇ ଘରୁ ବାହାରିଥିଲୁ
ପଛରେ ପଡ଼ିଯାଉଥିବା ମୋର ପାଞ୍ଚବର୍ଷର ଝିଅ
ତା'ର କୁନି କୁନି ଇଚ୍ଛା ସ୍ୱପ୍ନ
ବାଆଁ ହାତର ଆଙ୍ଗୁଠି ବଢ଼େଇ ଦେଲି
ଖୁବ୍ ଶକ୍ତ କରି ଧରିଲା
ଆମେ ଚାଲିଲୁ।।

କହି ପାରିଲି ନାହିଁ
ସମୁଦ୍ର ଛୁଇଁନଥିବା ନଦୀ
ବସାକୁ ଫେରିନଥିବା ବାୟାଚଢ଼େଇ
ଫୁଟିନଥିବା ଫୁଲ
କାହାରି କଥା
ମାଆଟିଏ, ଯେତେବେଳେ ସୂରୁଜ ଦେବତା
ପାହାଡ଼ର ସେପଟରେ ଲୁଚିଯାଏ
ଅନ୍ଧାର ପଶିଆସୁଥାଏ ଘର ଭିତରକୁ

ଠାକୁରାଣୀଙ୍କ ମନ୍ଦିରକୁ
ଶୂନ୍ୟ ଆକାଶକୁ
ଦେଖେ, ମୁଣ୍ଡିଆମାରେ ଚାହିଁ ବସିଥାଏ
ସେଇ ବାଟଆଡ଼କୁ ଯାହା
ଅନେକ ଲମ୍ବା ଆଖି ପାଉନଥାଏ
କି କେବେ ସରିନଥାଏ,
କେବେ ଫେରିଆସିବ ତା'ର ପୁଅ
ଯାହାକୁ ମାଓବାଦୀ କହି ପୁଲିସ୍ ଖୋଜୁଥାଏ।

ଆଉ ଏ ପଟରେ
କେହି କେହି ଯୁବତୀ ସ୍ତ୍ରୀ
ବିଧବା ହେଇ ଯାଉଥାଏ
ଆଉ ଫେରିନଥାଏ ତା'ର ଯବାନ ସ୍ୱାମୀ
ରାସ୍ତାର ବିସ୍ଫୋରଣରୁ
ସହୀଦ୍ ହେଇ ଯାଇଥାଏ।

ପେଶ୍ୱାର: ଶେଷ ୨୦୧୪ର ଗୋଟେ ଦିନ

ଥଣ୍ଡା ଶୀତ ସକାଳ
କୁହୁଡ଼ିର ଧଳା ଚାଦରଟେ ଘୋଡ଼ିହୋଇ
ସେଦିନ ଆସିଲା ।

ପେଶ୍ୱାରର ଗଳି କନ୍ଦି
ସହର ଗାଁ ଦପ୍ତର ସ୍କୁଲଘର ସବୁ
ଚଳଚଞ୍ଚଳ ଥିଲେ
ନିଜ ନିଜର ଗରମ ପୋଷାକରେ
ସ୍ୱାମୀଟିଏ ବାହାରିଥିଲା ଅଫିସ୍
ମାଆଟିଏ ଟିଫିନ୍ ସଜାଡ଼ି ଦେଇଥିଲା
ତା'ର ସ୍କୁଲ୍ ବାହାରିଥିବା ପିଲାଟିଏ ପାଇଁ
ଗୃହିଣୀଟିଏ ବ୍ୟସ୍ତ ଥିଲା ରୋଷେଇ ଘରେ
କୃଷକଟିଏ ଫସଲ ଅମଳରେ ଲାଗିପଡ଼ିଥିଲା
ସୈନିକଟିଏ ସୀମାରେ ଶତ୍ରୁଙ୍କୁ
ତୀକ୍ଷ୍ଣ ନଜର ରଖି ଜଗିଥିଲା ।

ଏତେ ସବୁ ହସଖୁସି ଭିତରେ
କିଏ କ'ଣ ଜାଣିଥିଲା
ପେଶ୍ୱାର ର ଗୋଟେ ସୈନିକ ସ୍କୁଲ୍ ଭିତରେ
ଆତଙ୍କବାଦୀମାନେ
ନେଇଯିବେ ଏତେଗୁଡ଼ିଏ ନୀରିହ
ପିଲାଙ୍କ ଜୀବନ।

ଆଉ ପାଦେ ଆଗକୁ ଯିବ କ'ଣ,
'୦' ହେଇ ଯାଇଥିଲା ସୂର୍ଯ୍ୟ ସେଦିନ।

ଆଉ ଦିନେ ସେଠି ଯେତେବେଳେ
ସକାଳ ହେଲା, ଆଉଦିନେ ଯେତେବେଳେ
ସ୍କୁଲ୍ ଖୋଲିଲା

ପିଲାମାନଙ୍କୁ କୁହାଗଲା ଏବେ ପାଠପଢ଼ା ବନ୍ଦ୍
ଏବେ ଖାଲି ଖେଳ, ହସ ଖୁସି ହୁଅ
ଗୀତ ଗଆ/ ଚଢ଼େଇଙ୍କ ସ୍ୱରରେ ସ୍ୱର ମିଳାଅ
ଉଡୁଥିବା ପକ୍ଷୀର ଗତି ଦେଖ
ଆକାଶର ଉଚ୍ଚତା କଳନାକର
ଗଛମାନଙ୍କୁ ଦେଖ, କେତେ ଗହୀରରେ
ଥାଏ ସେମାନଙ୍କ ଚେର
କେଉଁଠୁ ଆଣନ୍ତି ଏତେ ରଂଗ ଫୁଲମାନେ
ସେମାନଙ୍କୁ ପଚାର।

ଯେଉଁମାନେ ଆଉ ଦିନଟିଏ ବି
ସ୍କୁଲକୁ ଆସିବେ ନାହିଁ, ସେମାନେ
ସ୍କୁଲକୁ ଆସି ଆଉ ଫେରିନାହାନ୍ତି ଘରକୁ
ସେଇ ସାଙ୍ଗମାନଙ୍କୁ କୁହଯେ'
ତମେ ଏବେ ଆସି ପହଁଚି ଗଲଣି,
ତାଙ୍କର ସେଇ ଭାଙ୍ଗିଯାଇଥିବା
ଖେଳଣା ସବୁ ଏବେ ସଜ ହେଲେଣି
ଉଠି ବସି ତମ ସହ
କଥା ହେବାକୁ।।

ଦୃଶ୍ୟକୁ ଭୟ କରୁଥିବା କବି

କେଉଁ ଦୃଶ୍ୟ ବା ଆଉ ଦେଖା ଯାଇପାରିଥାନ୍ତା
ସମୁଦ୍ରରୁ ରଙ୍ଗ ନେଇ
ମାଟିର ଦେହରେ
"ଅଦୃଶ୍ୟତା" ବୋଲି ଏଠି
କିଛି ଶବ୍ଦ ନାହିଁ
ଯେଉଁ ଶବ୍ଦ କବି ସୃଷ୍ଟି କରେ
ଋତୁ ବୋଲି କିଛି ନାହିଁ ଯେଉଁ ଋତୁ
କବିତା ଲେଖା ବନ୍ଦ କରିପାରେ।

ଏଠି ସମୁଦ୍ରରେ ସବୁ ଋତୁ
ସବୁ ଋତୁର ବି ନିଜସ୍ୱ ଗୋଟେ ରଂଗ ଅଛି
ସବୁ ରଂଗଙ୍କୁ ଏକାଠି କରି
କିଏ ଜଣେ
ପାଦ ଆଉ ମୁହଁର ଚିତ୍ରଟେ ଆଙ୍କିଛି
ଆଶ୍ଚର୍ଯ୍ୟ ସେ ଚିତ୍ରର ଭୌତିକତା
ମାଟିରୁ ଆକାଶ ଯାଏଁ
ଦୃଶ୍ୟ ହେଉଅଛି।

ଭଲ ହେଇଛି ସେ' ବାକିତକ ଦୃଶ୍ୟ
ନ ଆଙ୍କିଛି,
ଭଲ ହେଇଛି ସେ'
ବାକିତକ ଦୃଶ୍ୟ ନ ଆଙ୍କିଛି।।

■

ଶିଳାପଦ୍ମ

ସବୁ କିଛି ବୈଚିତ୍ର୍ୟମୟ ।
ଲାବଣ୍ୟମୟୀ ମୂର୍ତ୍ତିଟିର
ଚାରିପାଖରେ
ପଦ୍ମ ।
କେତେ ସୁନ୍ଦର ।।

ମୂର୍ତ୍ତିଟି ଯେ ଅସହ୍ୟରେ ଜଳିଯାଉଛି ।

ଯୌନାଙ୍ଗେ ପଦ୍ମ ପାଖୁଡ଼ା
ସ୍ତନରେ ପଦ୍ମ କଢ଼
କଟୀରେ ପଦ୍ମ ପତର
କବରୀରେ ପଦ୍ମ ନାଡ଼
ସବୁ କିନ୍ତୁ ପଥର ।

ମୂର୍ତ୍ତିଟି ଯେ ଅସହ୍ୟରେ ଜଳି ଯାଉଛି ।।

କହିବୁତ ବିଶ୍ବମହାରଣା ତୋ
ପଥରର ପଦ୍ମ କଢ଼
କେବେ ଯେ ପଥର ଫୁଲ ହେବ
ପଥରର ପରାଗ ସଂଚିବ ? ?

■

ଛାତ ଉପରେ ଜହ୍ନରାତି

ଅନ୍ଧାର କ'ଣ ଭଲ ଲାଗେ ?
କେମିତି ଲଙ୍ଗଳା ଲଙ୍ଗଳା ଲାଗେ ।
ପପୁନ୍‌କୁ ନିଦ ଲାଗେନି
ତାକୁ ଡର ଲାଗେ
ତାର ଏକା ଜିଦ୍ ଆଲୁଅ ଲଗାଅନା
ପ୍ଲିଜ୍ ମାମା ।

ମତେ ବୋର୍ ଲାଗେ ଏଇ ସବୁଦିନିଆ
ଝିକ୍‌ମିକ୍ ବିଜୁଳି ଆଲୁଅ
ଗୋଟେ ସ୍ୱରରେ ଗୋଟେ ଚିରାଚରିତ ସ୍ୱରରେ
ମୁଣ୍ଡ ଉପରେ ଘୁରୁଥିବା ଉଷାଫ୍ୟାନ୍
ସାରି ପାରୁନଥିବା ଅଧାଲେଖା କବିତା
ସମ୍ପାଦକଙ୍କୁ ଚିଠି
ବନ୍ଧୁ ସରୋଜର ଫୋନ୍ ଆସିବାର ଥାଏ
ଯଜ୍ଞ ଭାଇ, ପ୍ରକାଶ ଭାଇଙ୍କ ସହ
କଥା ହେବାକୁ ଥାଏ ।

ପୂଜାସଂଖ୍ୟାକୁ ପଠାଯାଇଥିବା ଲେଖା
ବିଷୁବ ପାଇଁ ଅପେକ୍ଷା କରିବାକୁ ଥାଏ
ମୋର ଅଭିମାନ ଧୀରେ ଧୀରେ ବଢୁଥାଏ
କ'ଣ କିଛି ଲେଖିବା ଲେଖିବା ହେଉଥାଏ
ଅଥଚ ଲେଖିପାରୁ ନଥାଏ
ରୁଟି ସେକା ସନ୍ତୁଳା ଖିରଗରମ
ଏଇ ସରିଥାଏ, (ସରିଥାଏ କି ?)
କାହାର ଡାକରେ
ଟେବୁଲ୍ ପାଖରୁ ଉଠିଯାଏ
ସିଡ଼ି ଚଢ଼େ ପାହାଚପରେ ପାହାଚ
ଅଥଚ ପାହାଚ ଯେମିତି ଲାଗୁନଥାନ୍ତି
ପାଦରେ,

ଟିକେ ଦୂରକୁ
କୁହୁଡ଼ି ଆଉ ଶୀତ
ଯେମିତି ପରସ୍ପର ବାହୁ ଭିତରେ
ଗୋଟିଏ ବି ତାରାନଥାଏ ଆକାଶରେ
ତମେ
ଛାତଉପରେ।।

■

ଶୀତଦିନେ ହିଁ ଏମିତି ସବୁ ଘଟେ

ଶୀତ ଦିନେହିଁ ଏମିତ ସବୁ ଘଟେ।
ଆମେ ସବୁ ଚୂଲିମୁଣ୍ଡ ଖୋଜୁ
ବୋଉ ବଢ଼ିପାରେ, ଘସିପାରେ, ବାପା ଖରାଏ ଖରାଏ
ବିଲଦେଖି ଘରକୁ ଫେରନ୍ତି ଓ
ରାତି ନଅ ନ ପୁରୁଣୁ
ସେମାନେ
ବିଛଣା ଧରନ୍ତି।।

ତମର କଲେଜ ପିକ୍‌ନିକ୍ କଥା ମନେପଡ଼େ
ଯେମିତି ପିକ୍‌ନିକ୍ ଫିକ୍‌ନିକ୍ ସବୁମିଛ
ଖାସ୍ ଝିଅମାନଙ୍କୁ ନେଇକି
ରାତିସାରା ଗୋଟେ
ବସ୍‌ଜର୍ଣ୍ଣି,
ତମକୁ ହସମାଡ଼େ।

ରୋଷେଇ ଘରେ
ତମଠାରୁ ପପୁନିର ଝୀର ପିଉଥିବାର ଶବ୍ଦଛଡ଼ା
ମତେ ଆଉ କିଛି ଶୁଭେନି
ରାତି ନଅଟାରେ କି,

ତମେ
ନିଆଁ ପୂଉଁଥିବାର ଦୃଶ୍ୟ ଛଡ଼ା
ମତେ ଆଉ କିଛି ଦୁଶେନି
ରାତି ନଅଟାରେ।

ପାପୁଲି ତଳେ
ତରଳ ନିଆଁର ତାତି
ଇଏ ପୁଣି କେଉଁ ନିଆଁ ପୂଆଁ ପର୍ବ?
କେତେବେଳେ ରହିଯାଇଥାଏ ମୋ ହାତ
ତମ
ପାପୁଲି ଉପରେ।।

ସ୍ୱୀକାରୋକ୍ତି

ଆମ ଘରର ପ୍ରତ୍ୟେକ ଉତ୍ସବରେ
ତାକୁ ଆସିବାକୁ କୁହାଯାଏ
ସେ ଆସେ।

ଏଇ ବର୍ଷ କଲେଜପଢ଼ା ସରିଲା ତାର।

ପୁରୁଣା ବନ୍ଧୁ ଅଥଚ
ନୂଆ ଦେଖା ହେବାପରି ଆମେ
ପରସ୍ପରକୁ ଚାହିଁ ରହିଲୁ

ସେ ତା'ର ବାହୁ ପ୍ରସାରିତ କଲା
ଆଉ ମତେ
କେହି ନଜାଣିପାରିବା ଭଳି
ଛୁଇଁ ଚାଲିଗଲା।

ଖିରି ଖେଚୁଡ଼ି ନବାନ୍ନର ବାସ୍ନାରେ
ମହକି ଉଠୁଥାଏ ଘର
ନିରୋଳା ମୁହୂର୍ତ୍ତଟିଏ ଦେଖି
ଅସୁସ୍ଥ ଦେହକୁ ଡାକ୍ତରଙ୍କୁ ଦେଖାଇଲା ପରି

ତା'ର ଦୁଇସ୍ତନ ମଝିରେ
ପିନ୍ଧିଥିବା ପଦ୍ମକଢ଼ିର ମାଳିଟିକୁ
ମତେ ଦେଖେଇଲା ।

କେତେ ନରମ କୋମଳ

ମୋର ବିଛଣା ଚାଦର ତକିଆରେ
ଅଙ୍କା ଯାଇଥିବା ପଦ୍ମଫୁଲ ଚିତ୍ର ସବୁ
ଜୀବନ୍ତ ହୋଇ ଉଠିଲେ

କେମିତି ଅସ୍ୱୀକାର କରିପାରିଥାନ୍ତି ଯେ'
ତା'ର ସମ୍ମତିକୁ ।

ତା' ପ୍ରେମରେ ସମାଧିସ୍ଥ ହୁଏ

ତା'ର ବୟସ କେତେ ?
ସେ'ତ କେବେ କହିନାହିଁ ମତେ
ମୁଁ ବି ତ କେବେ ପଚାରି ପାରିନାହିଁ ତାକୁ
ତା'ର ବୟସ କେତେ
କେତେ ତା'ର ବୟସ
ଯାହାର ପ୍ରେମରେ ବନ୍ଧା
ଯିଏ ମତେ ବାନ୍ଧି ରଖେ ତା' ପ୍ରେମରେ
ଏଇ ଜୁଲାଇ ଦଶ ଦୁଇ ହଜାର ଷୋଳରେ
ମୁଁ ଯେତେବେଳେ ପହଂଚିଯାଏ ପଚାଶ ବର୍ଷରେ
କୁହାଯାଇ ପାରେ
ଆଷାଢ଼ର ଏମିତି ଏକ ଦିନରେ।।

ଗୋଟେ ନିରୋଳା ମୁହୂର୍ତ୍ତରେ
ମୋର ଯେବେ ଭେଟ ହୁଏ ସେ
କୋଳାହଳ ଭରିଯାଏ ସବୁଆଡ଼େ
ଭୂମିରେ ଭୂମାରେ ପବନରେ ସମୁଦ୍ରରେ
ଗଛ ବୃଛ ସୂର୍ଯ୍ୟ ଚନ୍ଦ୍ର ତାରା
ପୂର୍ବ ମେଘ ଉତ୍ତର ମେଘରେ।।

ସେ' ନିରୋଳା ମୁହୂର୍ତ୍ତ
ସେ ହିଁ କୋଳାହଳ,
ସେ' ଆରମ୍ଭ ସେ' ଶେଷ
ସେ' ହୋମାନଳ ସେ' ଘୃତ
ସେ' ହୋତା, ସେ' ସ୍ୱାହା
ପାହାଡ଼ ଶିଖରର ନିଆଁ ସେ'
ଆକାଶର ବର୍ଷା।।

ଯେତେଯେତେ ଅନ୍ଧାର ବହଳ ହେଉଥାଏ
ସେତେସେତେ ଦୃଷ୍ଟ ହେଉଥାଏ
ତା'ର ଛାଇ,
ତା' ଛାତିର ଉତ୍ତାପ ମୁଁ ବାରେ
ଶୀତଳ ସୂର୍ଯ୍ୟମୁଖୀ ଓଠର ଚୁମାରେ ତା'ର
ବରଫ ପରି ଜଡ଼ ପାଲଟିପାରେ
ଥାଏ ବି ସତେଜରେ।।

କାଲିପରି ଲାଗେ
ମୋର କବିତା ଲେଖାର ଆରମ୍ଭ
ଉଡ଼ି ଯାଉଥିବା ପକ୍ଷୀର ପର
ଉତ୍ତାଳ ସମୁଦ୍ରର ଢ଼େଉ ଗଣିବାରେ
ଓସ୍ତାଦ୍ ମୁଁ
ମେଘଦୂତର ଫେରନ୍ତି ବାର୍ତ୍ତା କେବଳ
ମତେ ହିଁ ଜଣା।।

ହେ ମୋର ପ୍ରେମ
ତମେ କିପରି ଆସୁଛ ? ଆସୁଛ ତ ?
ଜୁଇ ନିଆଁ ହୋଇ ନା,
ଶୀତଳ ସମାଧିଟିଏ ହୋଇ ?

ତା'ର ଗୋଟେ ସ୍ତନ
ଏବେ ମୋର ସମାଧି
ଆର ସ୍ତନଟି
ସେ' ନିଜେ।।

ଗୋଇଠିରେ ଗଳାଇ ପୋଷାକକୁ ଠିକ୍ ଭାବରେ ପିନ୍ଧି ପାରୁ ନ ଥିବା
କେଉଁ ଗ୍ରାମ୍ୟ ଯୁବତୀ
ତୁମ ହୃଦୟକୁ ଏତେ ଆଚ୍ଛନ୍ନ କରିଛି ?
— ସାଫୋ।

କିଛି ନିରବତା

ଆମ ଗାଁରେ ପଦ୍ମପୋଖରୀ ନଥିଲା

ଆମ ଗାଆଁରେ
ପଦ୍ମ ପୋଖରୀ ନଥିଲା;

ଆର ଗାଆଁର ସେଇଝିଅ ପଦ୍ମିନୀ
ସିଏ ମତେ ଭଲ ପାଇ
ଭିତରେ ଭିତରେ ମୋର
ପାଖୁଡ଼ା ମେଲୁଥିଲା।

ଆମ ଗାଆଁରେ
ପଦ୍ମ ପୋଖରୀ ନଥିଲା।।

ଧାରା ଶିରାବଣ ମାସ

ଧାରା ଶିରାବଣ ମାସ
କେତେ ମଜା, ସ୍କୁଲ ହୁଏ ଅଧା ଛୁଟି
ଆମେ ଧାଉଁ ଘର ମୁହାଁ
ସିଲଟ ଓ ଚଟ ମୁଣ୍ଡରେ
କେତେ ମଜା ଝିପିଝିପି ପାଣିଛିଟା
ଥାଉ ପଛେ ଯେତେ ଡର
ବୋଉର ଆଖିରେ।

ଆଜି ଏଇ ଶ୍ରାବଣର ଧାରା ବର୍ଷା
କେତେ ବିରକ୍ତି କରେ;
ଆମେ ଥାଉ ଯେଝା ଯେଝା କାମରେ
ନୂଆ ପୋଷ୍ଟିଂ ଶିକ୍ଷାକର୍ମୀ ଶ୍ରାବଣୀ ଜେନା
ଗୋଟେ ହାତେ ଛତା
ଆର ହାତେ ଶାଢ଼ୀ କୁଞ୍ଚ
ସ୍କୁଲ ଯାଏ ତରତରରେ।।

■

ମନୋରମାର ଫୋନ୍ ଆସେ

ଝିଅ ବାହାଦେଇଛି ଗଲା ମାସରେ ମନୋରମା।

ପ୍ଲସ୍ ଥ୍ରୀରେ ପଢୁଥିଲା
ଏଇ ଏପ୍ରିଲ୍‌ରେ ଫାଇନାଲ୍ ଏକଜାମ୍‌ଟା ଦେଇଥାନ୍ତା।
ଝିଅର ଇଛାନଥିଲା, ଚାହିଁଥିଲା ଏକ୍‌ଜାମଟା ସରୁ
ପୁଅବାଲାଙ୍କ ଏକା ଜିଦ୍
କମ୍ପାନୀ ଚାକିରି ଚଳାଚଳି ଏକ ପ୍ରକାର ଭଲ
ଦବାନବା କିଛି ଉଠେଇଲେନି
ସମୁଦି କହିଲେ ଆଗ ବାହାଘରଟା ସରୁ
ବୋହୂ ଯଦି ଚାହିଁବ ବାହାଘର ପରେ
ପରୀକ୍ଷାଟା ଦେଇ ଦେବ।

କହୁଥିଲେ; "କ'ଣ ଯେ କରିଥାନ୍ତି ଆଉ
ଅଭାବି ସଂସାର
ୟାଙ୍କର ତ ଯୋଉ ଦରମା, ପୁଣି ଠିକ୍ ସମୟରେ ମିଳେନି
ମାସ ମାସ ଅପେକ୍ଷା କରିବାକୁ ପଡ଼େ
ଆଉ ଝିଅ ବାହାକଥା ଉଠିଲେ, ଯୌତୁକର ପ୍ରହାର
ଆମ ପରି ଅଭାବିଙ୍କ ପିଠିରେ
ଦାଗ କ'ଣ ମଲା ପର୍ଯ୍ୟନ୍ତ ଛାଡ଼େ।"

ଚଷାଘରର ବୋହୂ ମନୋରମା
ଚାଷ କରନ୍ତି ଶ୍ୱଶୁର ଦିଅର
(ଚାଷ ଅଛି ଯାହାର କେତେ ସୁଖ ତାହାର(?))
ସ୍ୱାମୀ ତା'ର ସ୍ୱଳ୍ପ ବେତନଭୋଗୀ କିରାଣି
ଫୁଲ୍ ଗ୍ରାଣ୍ଟ ପାଇନଥିବା ଗାଆଁ ସ୍କୁଲର;
ଆମର ସୁନାରୀ ଘର
ସୁନା ବେପାର, ଆମର।

ସେଦିନ ଇଏ ଆଉ ମୁଁ କଥା ହେଲୁ
ମନୋରମାର ଝିଅ ବାହାଘରକୁ ସାଙ୍ଗ ହୋଇ ଯିବା ଆଉ,
ଯୋଡ଼ିଏ ସୁନାମୁଦି ଝିଅ ଜୋଇଁଙ୍କୁ
ବନ୍ଦାଣ ଦେବା।
ଖୁସିରେ ଇଏ ଗଦ ଗଦ।

ଭାବିଲି ହଁ, କ'ଣ କିଛି ଦେଇ ପାରିଛି କି ତାକୁ
ଭାରି ସ୍ୱାଭିମାନୀ, ଟିକିଏ ବି ମନରେ ନଥାଏ ଗ୍ଲାନି
ନା ଥାଏ ଦେଖେଇ ହେବାର ନା, ବଡ଼ିମା ପଣର
ସେମିତି ସାଙ୍ଗ ହୋଇ ପଢ଼ିଲା ବେଳରୁ।

ସମୁଦ୍ର ପରି ସେ ସବୁବେଳେ
ଯାହା କିଛି ଦିଅ କ'ଣ ନେବ ?
ଯେମିତି ହେଲେ ଫେରେଇବ ହିଁ ଫେରେଇବ
ଅନ୍ୟ ଆକାରରେ, କେତେ ଯେ ବାହାନା କାଢ଼ିବ
ଆଜିକ ଯଦି ମୋର
କାଲିକ ହେବ ତା'ର
କିଛି ନା କିଛି ଆଳ ଦେଖାଇ ଦେବ।

ମନେ ମନେ ଭାବୁଥିଲି
ଏଥର ନିଶ୍ଚେ ମନୋରମା ସହ ଦେଖା ହେବ
ତା' ଆଖି ତଳର ଦାଗ, କଳା
ଗହଳିଆ ଅଣ୍ଟା ଯାଏଁ ଲମ୍ବିଥିବା ବେଣୀ
ଦେହର ରଙ୍ଗ, ଅପେକ୍ଷାକୃତ ପତଳା ଚେହେରା
ବୋଧେ ବଦଳି ଯାଇଥିବ।

ମନୋରମାର ଫୋନ୍ ଆସିଲେ
ଯେବେ ବି ତାର ଫୋନ୍ ଆସେ
ଇଏ ଛଡ଼େଇନିଅନ୍ତି ମୋବାଇଲ୍
ମୁଁ, ନିମିତ୍ତ ମାତ୍ର।

ଏଥର କିନ୍ତୁ ଦିହେଁ କଥା ହେଉ ହେଉ
ଟେବୁଲ୍ ଉପରେ ମୋବାଇଲଟା ରଖି
ଖଟ ଉପରେ ଏପରି ନଥି କରି ବସିପଡ଼ିବାର ଯାଙ୍କୁ ଦେଖି
ପଚାରିଲି- "କ'ଣ ହେଲା କି,
ଏମିତି ଚୁପ୍‌ଚାପ୍ ରହିଗଲ ଯେ... ?"
କହିଲେ: ମନୋରମା ତା' ଝିଅ ବାହାଦେଇ ସାରିଛି
ଗଲା ଏପ୍ରିଲ୍‌ରେ
ଆଉ ଆମକୁ ଜଣେଇ ପାରିନି ବୋଲି
ଦୁଃଖ କରି କହୁଛି କିଛି ଭାବିବନି ମନରେ।

ବର୍ଷା ନ ଥିବା ମେ' ମାସର ଆକାଶ
ଏଣେ ପାଓ୍ୱାର କଟ୍
ଅସହ୍ୟ ଗରମ ଗୁଳୁଗୁଳି ଝାଳ
କ'ଣ ଯେ' ଭାବିବି ତାକୁ(?)।

■

ମନୋରମାର ଖବର କ'ଣ ?

ଏତେ କରି କହିଥିଲା
ଫେରିଲା ବେଳକୁ ଏଇବାଟେ ଦେଇ ଆସିବ
ମୋ ଘରେ, ରୋଷେଇବାସ କରି ରଖିଥିବି
ଯେମିତି ହେଲେ ଆସିବ ।

ଏକା ସାଂଗରେ ମାଟ୍ରିକ୍ ପାଶ୍ କରିଥିଲେ
ଗାଁ ସ୍କୁଲ୍‌ରୁ,
ଶେଷବର୍ଷ ସ୍କୁଲଡ୍ରାମାରେ ଦିହିଁଙ୍କୁ କାଳେ
ଖୁବ୍ ମାନିଥିଲା ରାଧାକୃଷ୍ଣ ଅଭିନୟ ।

ଏଇବାଟେ ଗଲେ ପଡ଼େ ଗାଦିଗୋଷେଇଁ
ଅଚ୍ୟୁତ ଅଣାକାର ଶୂନ୍ୟ ବ୍ରହ୍ମ
ଆଜିହିଁ କେବଳ ଗୋଟିଏ ଦିନ
ଗାଦିଗୋଷେଇଁଙ୍କୁ ଛୁଇଁବା ।
ତାଙ୍କୁ ଟିକେ କୁଣ୍ଢେଇ ତାଙ୍କ
ପାଦର ଧୂଳି ମୁଣ୍ଡରେ ବୋଳିବା
ଶିହରିତ ହେବା ।

ଜ୍ୟେଷ୍ଠପୂର୍ଣ୍ଣମୀର ଗୋଲ ଜହ୍ନ
ଯେତେବେଳେ ଆକାଶରେ ଉଠେ
ମନେପଡ଼େ ମନୋରମାର ଘର, ପଥର ପିଣ୍ଡା
ନୂଆଣିଆ ଛପର ଘର ଉପରେ
ନଡ଼ିଆ ଗଛର ଛାଇ,
ଦକ୍ଷିଣା ପବନ, ବାଡ଼ିପଟେ ଛୋଟ ଗୋଟେ ପୋଖରୀ
ଜହ୍ନ ଆଲୁଅରେ ଚିକ୍ ଚିକ୍ କରୁଥିବା
ଏଣ୍ଡୁଳା ଆଉ ମଉରାଳି
ତା'ର ଗୋଟେ ପୁଅ, ସ୍ୱାମୀ ଆଉ
ବୁଢ଼ାବୁଢ଼ୀ ଦୁଇଜଣଙ୍କୁ ନେଇ
ଛୋଟିଆ ସଂସାର।।

ଯେବେ ବି ଆକାଶରେ ଜହ୍ନ ଉଠେ
ତା' ପୁଅ ଜିଦ୍ ଧରେ କାଖ ହେବାପାଇଁ
ଆଉ ଜହ୍ନ ଆଡ଼କୁ ଆଙ୍ଗୁଠି ବଢ଼େଇ
କ'ଣ ଯେ ଜିଦ୍ କରେ
କିଛି ବୁଝିହୁଏ ନାହିଁ
ସେତେବେଳକୁ ତା'ର
ଦୁଧଖିଆ ଦାନ୍ତ ଉଠୁଥାଏ
ଆଉ ଜହ୍ନର ରଂଗ ଆହୁରି ଧଳା
ଆହୁରି ଗାଢ଼ ଦିଶୁଥାଏ।।

ଏଥରକ କଥାଥିଲା
ଫେରିବା ବେଳକୁ
ମନୋରମାର ଘର ହୋଇ ଆସିବାକୁ
ହେଲେ ଆସିହେଲାକି ?
ଏତେ ଭିଡ଼ ହେବ ବୋଲି କିଏ ଜାଣିଥିଲାକି ?
କୋଶେ ବାଟରୁ ଲମ୍ବାଧାଡ଼ି।

ଗାଦି ଛୁଉଁ ଛୁଉଁ
ମହିମଣ୍ଡଳ ଗୀତାରୁ ପଦେ
ମାଳିକାରୁ ଦି'ପଦ
କାନରେ ପଡୁ ପଡୁ ରାତି ଅଧ
କେମିତି ଫେରିବୁ,
ଆଗରେ ହାତ ଧରାଧରି ହେଇ ଚାଲିଥାନ୍ତି
ପିଲାକବିଲା, ସାହିପଡ଼ିଶାରୁ କେହି କେହି
ପୁଣି କେହି କେହି ଅଜଣା
ବାଟଚଲା ସାଥି
ସଭିଏଁ ଏକ ମୁହାଁ।।

ମୁଣ୍ଡ ଉପରୁ ଜହ୍ନ ଖସିବା ଖସିବା ଉପରେ
ତା' ତଳେ କେବଳ ଆମେ ନହୁଁ
ଡେରିରେ ଆସିବାକୁ ଥିବା ମୌସୁମୀ ଆଉ
ଉତ୍ତରମୁହାଁ ମେଘ ମାନଙ୍କର
ଦଳ ଦଳ ପଟୁଆର।।

ଘରେ ପାଦ ଦେଉଣୁ ନ ଦେଉଣୁ
ତମର ପ୍ରଶ୍ନିଳ ଆଖି ମୋ ଉପରେ
ମନୋରମାର ଖବର କ'ଣ?

କ'ଣ କହିଲେ ତମେ ଖୁସି ହେବ
କହିବିକି "ଯାଇ ହେଲାନି"?
"ନା"....।।

■

ଜହ୍ନରାତି, ପାୱାର କଟ୍
ମନୋରମାର ଅଗଣା

ପ୍ରଥମ ପାଳି
ପୁଅାଣି ସଜନେଇ ଆସିଥିଲା ଦୋଳକୁ
ମାସଟେ ପୁରିନି ଶାଶୁଘରୁ ଡାକରା ଆସିଲା
ବୋହୂକୁ ପଠାଅ
ଘରେ, ପୁଅ ଅଶାନ୍ତି
ମାଛିଟେ ଘୋଉଡ଼ିବାକୁ ଏଠି
କିଏ ଅଛି ଯେ'?

ଇଚ୍ଛା ନଥିଲେ ବି ଦିନ କେଇଟାରେ
ଫେରିବାକୁ ହେଲା ।

ଏବେ,
ମନୋରମାର ଅଗଣା ଫାଙ୍କା ଫାଙ୍କା ଲାଗେ
ଏକା ଶାଶୁ ବୁଢ଼ୀକୁ ଛାଡ଼ିଦେଲେ
କେହି ନଥାନ୍ତି ଏତେବଡ଼ ଖଞ୍ଜାଟିରେ
ସ୍ୱାମୀ ଘରକୁ ଫେରି କ୍ଲାନ୍ତ ବିଛଣାରେ
ଏବେଳରେ ପୁଣି ପାୱାର କଟ୍
ଶୋଇ ହୁଏନା
ଉଠି ଆସେ
ବସେ ଅଗଣାରେ ।।

ଅଗଣା ସାରା ଜହ୍ନ ଆଲୁଅ
ଦୂର ପ୍ରେମିକ ପରି ଜହ୍ନ ଏକୁଟିଆ
ତାକୁ ଛୁଇଁ ହୁଏନା
ଖଣ୍ଡେ ଅଧେ ମେଘ
ତା' ଉପର ଦେଇ ଚାଲିଯାଏ।

ଅଗଣାର ଗୋଟେ କୋଣକୁ
ଫୁଲଭର୍ତ୍ତି ଗଙ୍ଗଶିଉଳି ଗଛ
ତା'ର ସ୍ୱାମୀ ପରି ନୀରବ ଚୁପ୍ ଚାପ୍
ବାସ୍ନା ଅଗଣା ସାରା
ମହକୁ ଥାଏ।

ମନୋରମା ଦେଖେ,
ଏଇ ଆଲୁଅ ପକ୍ଷରେ ଗଙ୍ଗଶିଉଳି ଗଛରେ
ଫୁଲ ସବୁ ଅଧିକ ଫୁଟିଥାଏ
ସେତେବେଳେ ଜହ୍ନ ଉଠିଆସି
ଠିକ୍ ତା'ର ଅଗଣା ଉପରେ ହିଁ ଥାଏ
ଦେଖେ ବି,
ଗଛଟା ସାରା ଭର୍ତ୍ତି ଚୁନା ଚୁନା ଧଳା ଫୁଲ, ଆଉ
ଧଳା ଜହ୍ନର ଟୁକୁଡ଼ା ସବୁ
ଏକା ସାଂଗରେ
ତା' ଅଗଣାରେ
ସକାଳକୁ
ଝଡ଼ି ପଡ଼ିଥାନ୍ତି।।

■

ଦୂରତା ନଥିଲା

ଯଦିଓ ତମ ଓ ମୋ' ଭିତରେ
କିଛି ଦୂରତା ନଥିଲା
ଶବ୍ଦ ସବୁ
ଆମ ଠାରୁ
ଅନେକ ଦୂରରେ ଥିଲେ।।

ନୀରବ ତମ ଓଠରୁ
ମୁଁ ଗୋଟେଇ ଚାଲିଲି ଶବ୍ଦ
ଓ
ତମ ଆଖିରୁ
ରଂଗ।।

ତମେ ଏମିତି
ବଲବଲ କରି ଚାହିଁଥିଲ ଯେ
ଭୁଲିଗଲି
ତମକୁ ନ ପଢ଼ି ରହି ପାରିବାର
ଉପାୟ।।

ସମୁଦ୍ର ଦେଖା

ଏମିତି ବୋଧେ ପ୍ରଥମ ସମୁଦ୍ର ଦେଖା
ତମ ସହ । ଯଦିଓ ସୀମା, ମାମି, ସୁନନ୍ଦା ଅପା
ଆଉ ସବୁ କିଏ କିଏ ଥିଲେ ସାଂଗରେ
ଏବଂ ଯେଝା ଯେଝା ବ୍ୟସ୍ତ ଥିଲେ
ସମୁଦ୍ର ଦେଖାରେ ।।

ଶଙ୍ଖ ଆଉ ଶାମୁକାର ମୂଲଚାଲ
କଫିଆଉ ଝାଲମୁଢ଼ିର ଡାକରେ
ପୁଣି କେବେ ଚାଟ୍ ବାଲାର ବରାଦରେ
ଆମର ହୁଏ
ସମୁଦ୍ର ଦେଖା ।

ସମୁଦ୍ର ଭିତରେ ହିଁ ଆମେ ପରଖି ବସୁ
ଆମ ଆଖିକି ।
ଏମିତି ବୋଧେ ପ୍ରଥମ ସମୁଦ୍ର ଦେଖା
ତମ ସହ ।

ଲୁଣି ପାଣି ରକ୍ତ
ବାଲିର ଦେହକୁ ନେଇ ତ ଗଢ଼ା
ସମୁଦ୍ର,
ଏତେ ସମୁଦ୍ର
କେବେତ ଦେଖିନଥିଲି ଆଗରୁ
ଲୁଗା ଜାକି ଜୁକି ଆଣ୍ଠୁଯାଏ ଟେକି
ତମେ ଯେତେବେଳେ ସମୁଦ୍ରକୁ
ପଶୁଥିଲ ॥

ତପୋବନରେ ତପସ୍ୱିନୀ ତମେ ସଂସାର ସାଗରେ ସୁଗୃହିଣୀ

ପାଗଯୋଗ ଦେଖି ଘରୁ ବାହାରିଥିଲେ
ଅଥଚ ଏମିତି ଅଦିନିଆ ବର୍ଷା ଅଚାନକ
ଏଇ ଆମ ଫେରିବା ରାସ୍ତାରେ, ଆମକୁ
ଅପେକ୍ଷା କରିବାକୁ ହୁଏ
ୱେଟିଙ୍ଗ୍ ରୁମ୍‌ରେ ଥଣ୍ଡା ପବନ ଆଉ
ଟିକେ ଗରମ୍ ଚାଆରେ ।।

କଥା ପଡ଼େ ତମ ଆମ ଘରକରଣାର
ପିଲାଙ୍କ ଜଞ୍ଜାଳ କଥା,
ବଡ଼ଟା କଲେଜରେ ପଢ଼େ, ସାନ ଦଶମରେ
ଟିଉସନ୍ ଫି ଦରଦାମ୍ ବଜାର ସଉଦା
ଘର ଭଡ଼ା ମାସ ଆରମ୍ଭରେ
ବିମାନ କି ଟ୍ରେନ୍ ଦୁର୍ଘଟଣା କଥା
କଥା ପୁଣି ଆତଙ୍କ ବାଦରେ ।।

ଆମର କ'ଣ ନିଘାଥାଏ ଏବେ (?)
ତମେ କେତେବେଳେ ଅଫିସରୁ ଫେରିବ
ମୁଁ ଫେରିବି କାମ ସାରି ଟାଉନ୍ ବସ୍‌ରେ
ସ୍ୱପ୍ନ ଆଉ ସନ୍ୟାସର କଥା
କେତେ କ୍ଲାନ୍ତ ଆଖିପତା ମାଡ଼ି ମାଡ଼ି ପଡ଼େ
ଏଇ ଆମ ବ୍ୟସ୍ତତା ଭିତରେ
ଫେରିବା ରାସ୍ତାରେ ।।

ତମର କ'ଣ ମନେ ଅଛି ତମ ସହ ଦେଖା
ତପୋବନ ଉହାଡ଼ ଗୁହାରେ
ଶୁଣିଥିଲି ଓଁକାର ଧ୍ୱନି
ଆଣ୍ଠୁମାଡ଼ି ଛୁଇଁଥିଲ ଗୁପ୍ତଗଂଗା
ପୂନିଅଁରାତି କଲ୍ପବଟ
କିଛି ତ ଭୁଲ୍ ନଥିଲା
ଅକ୍ଷତ ଯୋନି-ନିଷ୍ପାପ ସ୍ତନ
ଶାନ୍ତ ସ୍ନିଗ୍ଧ ପଦ୍ମପାଦ ଚିହ୍ନା ଚିହ୍ନା
ରତୁଙ୍କ ସ୍ପର୍ଶରେ ।।

ତମର କ'ଣ ମନେ ଅଛି ସେଦିନ ରାତିରେ
ସାଂଗହୋଇ ଶୋଇବାକୁ ଗଲେ
ଈଶ୍ୱର ବି ତାଙ୍କ ପଲଙ୍କରେ
ଆମର ଖୋଜିବା ଓ ପାଇବାରେ
ତମର କ'ଣ ମନେ ଅଛି ?
କେଡ଼େ ଚମତ୍କାର ଭାବେ ଈଶ୍ୱରଙ୍କୁ ଠକିଦେଲେ
ଅନିଦ୍ରା ଯୋଗରେ
ସେଦିନ ତପୋବନରେ ।।

■

ସବୁ ଆରମ୍ଭର କେନ୍ଦ୍ରବିନ୍ଦୁ ତମେ

ସବୁ ଆରମ୍ଭର କେନ୍ଦ୍ରବିନ୍ଦୁ ତମେ
ସବୁ ସମାପ୍ତିର ଅନ୍ତିମ ଲଗନ
ତମକୁ ଛୁଇଁଲେ ଲାଗେ ମୋକ୍ଷ ଯୋଗ
ଜୀବ ଚାଲିଯିବ;
କହିବ କି ଦେବୀ
କେଉଁ ପାପରେ ତମ ସହ
ପୁନର୍ଜନ୍ମ ହେବ ?

ତମକୁ ଖାଲି ଦେଖିବା

ଗାଆଁରେ ସକାଳୁ ସକାଳୁ ଆନନ୍ଦ
ତମେ ଆସିବାର ବାର୍ତ୍ତା ପହଁଚି ସାରିଛି
ଗତ ରାତିରୁ।

ନିଦ କାହିଁ, ଟିକେ ଛାଇନିଦ ଭଲା ହୁଅନ୍ତା
କୁଆ ହଳଦୀବସନ୍ତ ବଣି ସେମାନେ ସବୁ
ବେଣ୍ଣୁସୁ ବେଣ୍ଣୁସୁ ଆସି
ବୁଲିଗଲେଣି,

ଦାଣ୍ଡ ଅଗଣା ବାରିଘର ଯେମିତି ଜଣାପଡୁଥାନ୍ତି
ବ୍ୟସ୍ତ ଚଳ ଚଞ୍ଚଳ।
ପତ୍ରରେ ଘାସରେ ଚଲାପଥରେ
ଦୁର୍ମୂଲ୍ୟ ଢଳଢଳ ଶିଶିର ବିନ୍ଦୁର ହୀରାମୋତି

କେହି କେହି ତୋଳି ରଖନ୍ତି ଘରେ ପଦ୍ମ ପତ୍ର
ପରସିବା ପାଇଁ ବନ୍ଧୁଙ୍କୁ ଦିବ୍ୟ ବ୍ୟଞ୍ଜନ।

ଝଡ଼ିପଡ଼ିଥିବା କାମିନୀ ଫୁଲଙ୍କ
ଶ୍ୱେତ ପାଖୁଡ଼ା ସବୁ ବିଛେଇ ହୋଇ ରହିଥାନ୍ତି

ତମର ଆଗମନ ପାଇଁ
ସେମିତି ଗଙ୍ଗଶିଉଳି ଫୁଲ ଝଡ଼ିପଡ଼ି ଥାନ୍ତି
ତମରି ରାସ୍ତାରେ ତମର ପାଦ ସ୍ପର୍ଶ ପାଇଁ

ତମେ ବର୍ଷାର ଭ୍ରମ ସୃଷ୍ଟି କରି
ମେଘ ବର୍ଣ୍ଣ ଶାଢ଼ୀ ପିନ୍ଧି ଆସ

ତମେ ଜାଣି ଜାଣି ଏମିତି କର ଯେମିତି
ମୁଁ ଓଦାହୁଏ ତିନ୍ତେ, ଖୋଲିପକାଏ ସାର୍ଟ ଗଂଜି
ପାଣି ଝାଡ଼ିଦିଏ ମୁଣ୍ଡରୁ, ଛାତିରୁ

ଅନ୍ୟ ଦିନମାନଙ୍କ ପରି ହସ ମିଶା
ତମର ବ୍ୟସ୍ତ ପଣ ଆଦୌ ଜଣାପଡ଼େନି

ତମର ପ୍ରଥମଦିନ ଋତୁସ୍ରାବ ସତ୍ତ୍ୱେ
ପ୍ୟାଡ୍ ପିନ୍ଧି ତମେ ସଂଜତ ମାର୍ଜିତ ।

ତମେ ଯୁଆଡ଼େ ଯାଅ ତ,
ଅଗଣା ବାରି କି କବାଟ କୋଣରେ ଲୁଚ
ଯେଉଁଘରକୁ ପଶ,
କି ସିଡ଼ିଘରେ କି ଛାତ ଉପରେ
ଆମ୍ବ କି ଅଶୋକ ଗଛମୂଳେ

ସେଠିକି ତମ ପଛେ ପଛେ ଯିବାକୁ
ଇଚ୍ଛାହୁଏ, ଉଦ୍ଦେଶ୍ୟ
ତମକୁ ଖାଲି ଦେଖିବା ।।

■

ନୂଆ ବସ୍ଷ୍ଟାଣ୍ଡରେ ମନୋରମା

ସେଦିନ ନୂଆ ବସ୍ଷ୍ଟାଣ୍ଡରେ
ତମ ସହ ଦେଖା, ଲାଗିଲା-
ତମର ଏ ଦେହ-ଦେହ ? ନା,
ଉଠି ଆସିଥିବା ଢେଉର ସମୁଦ୍ରକୂଳ ?

ଏମିତି ତ ତମସହ ନିଶ୍ଚିତ ଦେଖାହୁଏ
ଦୁଇଥର,
ହୋଲିରେ ରଂଗନେଇ ଆସ ଆଉ
ବାରୁଣୀରେ ବାରୁଣୀ ସ୍ନାନ ସାରି ।

ସାଙ୍ଗ ହୋଇ ବସ୍‌ରେ ଉଠିଲେ
ଏମିତି ତ ଆଗରୁ ପ୍ରତିଦିନ ଉଠନ୍ତି
ବାଣୀବିହାର ତ କେବେ କେବେ
କେଦାର ଗୌରୀ ମନ୍ଦିର ।

ଗୋଟିଏ ସିଟ୍‌ରେ ବସିଲେ
ତମେ ଯିବ ଇଚ୍ଛାପୁର
ମୁଁ ଗୌତମ ନଗର
(ମନେ ମନେ ଭାବୁଥିଲକି କେଉଁ ଗୌତମ ?
କ'ଣ କପିଳବାସ୍ତୁର ?)

କହିଲି: ଶ୍ୱେତ ଗୋଲାପିର ଏଇ
ଆବରଣ ଭିତରେ ଆଗ ଅପେକ୍ଷା ଟିକେ
ଅଧିକା ହଳଦିଆ ଦିଶୁଛ
ହଳଦୀ ବସନ୍ତ ପରି ଲାଗୁଛ

କହିଲ: ତମକୁ ତ ଏବେ ସବୁକିଛି
ଅଲଗା ଦିଶିବ, ଯାହା ଦେଖୁଛ
ଧରିନିଅ ଏଇଟା କାମଳ ରୋଗର ଲକ୍ଷଣ।

ହେଲାତ ଯିବା ବେଳ
ମାଗିନେଲ ନମ୍ବର
୯୯୩୭୪୩୦୧୯୮
ତମକୁ ମାଗିଲିତ, କହିଲ
ଏ ଦେହ ଏ ମନ
ଏ ନିଦ ଏ ସ୍ୱପ୍ନ ପୁଣି
କେତେ କେତେ ଦିନ
କେତେ କେତେ ରାତି
ରୁନ୍ଧା ରୁନ୍ଧି ଅସରନ୍ତି ଏବେ କ'ଣ
ମୋର ହେଇ ଅଛି ?

ଏବେ ନୁହେଁ
ଅପେକ୍ଷ କର ଅପେକ୍ଷା କର।।

■

ମୋ ପ୍ରେମିକର ପାଖକୁ ଯା

ରେ ମନ
ମୋ ସ୍ୱାମୀ ପାଖକୁ ନୁହେଁ
ମୋ ପ୍ରେମିକର ପାଖକୁ ଯା
ଆଉ ଦେଖ୍
ସାରାରାତି
ସେ କିପରି ଖୋଜୁଛନ୍ତି
ତାରାଙ୍କୁ
ଜହ୍ନକୁ
ସମୟକୁ।

ରେ ଦେହ
ମୋ ପ୍ରେମିକର ପାଖକୁ ନୁହେଁ
ମୋ ସ୍ୱାମୀ ପାଖକୁ ଯା,
ଆଉ ଦେଖ୍
ସାରାରାତି
ସେ କିପରି ଖୋଜୁଛନ୍ତି
ମୋ ଦେହକୁ
ମୋ ଯୌବନକୁ
ମୋ ବୟସକୁ।।

ତମେ, କୂଅ

ଫନ୍ଦ ପାଖରୁ ହିଁ
ମୁହଁ ନେଇ ଫେରେ

ତମେ
ଗଭୀରତାର କଥା କୁହ
କୁହ ଜୀବନର କଥା
କିଛି ପୂର୍ଣ୍ଣତା ତ
କିଛି ଶୂନ୍ୟତାର
କଥା,

ନିଜକୁ ଦେଖେ
ଆଉ ତୃଷାର୍ତ୍ତର କଥା
କୁହେ

ତମେ
ଚହଲି ପଡ଼।।

ତମର ଅନେକ ନାଆଁ

ତମକୁ କିଏ କେତେ ନାଆଁରେ ଡାକନ୍ତି
ଅନେକ ନାଆଁ ତମର ।

ଅନେକ ତାରାର ଆକାଶରେ
ଗୋଟିଏ ତାରା ଅରୁନ୍ଧତୀ

ଅନେକ ମେଘର ବର୍ଷଣରେ
ଗୋଟିଏ ମେଘ ମହାମେଘ

ଅନେକ ପବନ ଭିତରେ ଗୋଟିଏ ପବନ
ମଳୟ, ବାରି ହେଇଯାଏ
ଗୋଟିଏ ସମୁଦ୍ର କେତେ ଯେ ଢେଉ ନେଇ ଆସେ
ବେଳା ଛୁଏଁ ଆସେ ଆଉ ଯାଏ

ଶରତରେ ଶିଶିରାକ୍ତ ହୁଅ ତମେ
ହୁଅ ଶିହରିତ
କେତେ ଯେ କାଶତଣ୍ଡୀ ତମକୁ
ଶ୍ୱେତବସ୍ତ୍ର ଦିଏ ।

ଅନେକ ନଦୀଭିତରୁ ଗୋଟିଏ ଥାଏ
ତମରି ନାଆଁରେ
ଅନେକ ଶୀତ ଭିତରୁ ଗୋଟିଏ ଶୀତ
ତମରି ଛୁଆଁରେ
ଗ୍ରୀଷ୍ମ ବର୍ଷା ବସନ୍ତ ହେମନ୍ତ
ଗୋଟେ ଗୋଟେ ହୋଇ ଆସନ୍ତି

ଅନେକ ନାଆଁ ତମର
ତମକୁ କିଏ କେତେ ନାଁରେ ଡାକନ୍ତି
ମନ ମୀନୁ ମନୁ ରମା ମ...
ଜାଣିଛି ତମର ଅନେକ ନାଆଁ ଭିତରୁ
ଗୋଟିଏ ନାଆଁ,
ସେଇ ମାତ୍ର ଗୋଟିଏ ନାଆଁ
ଯେଉଁ ନାଆଁରେ ମୁଁ
ତମକୁ ଡାକେ ।।

■

ବାଲୁକା ଶିଳ୍ପରେ ମନୋରମା

ପାହାଡ଼ ନୁହେଁ
କେବଳ ସମୁଦ୍ର ହିଁ ଲୋଡ଼ା ତମ ପାଇଁ
ମନୋରମା !

ଯେଉଁଠୁ ଉଠି ଆସେ ମୌସୁମୀ
ଆକାଶକୁ, ଆଉ ଝରେ
ଝରଝର ଝରଝର ଝରିଯାଏ
ମିଶିଯାଏ ପୁଣି, ଯେଉଁଠୁ ଆସିଥାଏ
ସେଇଠିକୁ
ଅପୂର୍ବ ସେ ଦୃଶ୍ୟ
ତମରି ।

ତମକୁ ଶୋଭାପାଏ ମଦାଳସା ଶାଳଭଞ୍ଜିକା
ମତ୍ସ୍ୟଗନ୍ଧା, ମୁକ୍ତକେଶା, ଉନ୍ମୁକ୍ତ ବକ୍ଷୋଜା
କାମିନୀ, କୁମୁଦୁନୀ
ଶୀତ, ଶିଶିର ଶିପ ଶାମୁକା ଶିରୀ
ସିମନ୍ତିନୀ ମାନିନୀ,
ନାଭି ମଣ୍ଡଳର କୁହୁକ ଓଁକାର ତମର
ଭଉଁରୀ ଖେଳେ
ଟାଣେ କେନ୍ଦ୍ରୀଭୂତ କରେ
ବୁଡ଼ାଇ ରଖେ,

ସମୁଦ୍ରର ଏପଟରୁ ହାତଟେକି
ସେପଟର ପ୍ରେମିକ ପୁରୁଷକୁ ଡାକ

ତମ ଡାକରେ ଥାଏ ପାଣିର ନୀଳରଙ୍ଗ
ସମୁଦ୍ର ଜୁଆର ଢେଉ
ସୁସୁ ସୁସୁ ସୁସୁ

ନୀରବତାରେ ତମର ସୃଷ୍ଟିହୁଏ ଘୂର୍ଣ୍ଣିବଳୟ
ପବନର ଶ୍ୱେତ ଶଂଖ ଧ୍ୱନୀ
ଘୁଘୁ ଘୁଘୁ ଘୁଘୁ

ଏକି ଖେଳ ତମେ ଖେଳ
ପୁଣି ଲୁଚିଯାଅ ଲୁଚିଯାଅ
ଆଉ ମିଳନାହିଁ
ସମୁଦ୍ର ପାଣିରେ।।

■

ଏତେଦିନ କେଉଁଠି ଥିଲ କେମିତି ରହିଲ

ତଥାପି ଶବ୍ଦ ସବୁ ଅପରିବର୍ତ୍ତିତ ଥିଲେ
ଝର୍କାରେ ଧସେଇ ପସିଥିବା ନଦୀ
କବାଟ ଭଂଗାଆଇନା ଅଗ୍ନାଅଗ୍ନି ସ୍ୱପ୍ନ
ନୀଳ ରୁମାଲ, ବେଡ୍‌ରୁମ୍ ବହିପତ୍ର
ଅସନା କାଗଜ ଡଷ୍ଟବିନ୍
ମଲାଡ଼େଙ୍ଗରସୂର୍ଯ୍ୟ, ହାଡ଼
ମାଂସରେ ଗଜୁରିବାକୁ ଯାଉଥିବା ଫୁଲ
ଆଜି ଏମିତି ଏକୁଟିଆ ଏକୁଟିଆ ଲାଗିବା

ଏତେ ଦିନ କେଉଁଠି ଥିଲ
କେମିତି ରହିଲ ।।

ତଥାପି ଶବ୍ଦ ସବୁ ଅପରିବର୍ତ୍ତିତ ଥିଲେ ।

କାହା ଦେହରେ ଲେସିଦେଲ ହଳଦୀ ବାସ୍ନା
ଲାଲ୍‌ଓଠ, ପାଦରଅଳତା
କାହା ସମୟରୁ ଉଦ୍ଧାର ଆଣି
ସଂଧ୍ୟା ଶାମୁକା ଶବ୍ଦ ଗୋଟେଇଲ

କେଉଁ ଛିଣ୍ଡା ପାଖୁଡ଼ାରେ ସ୍ମୃତି ଗୁନ୍ଥି
ପୁଣି ଡାଳରେ ଯୋଡ଼ିଲ।

କାହାକୁ ଡେଣା ମାଗିଲ
କେଉଁ ଆକାଶରେ ?
କେଉଁଜହ୍ନର ହାତଧରି
କାହାରକ୍ତରେ ମେଘ ହେଲ ବର୍ଷା ହେଲ
ନିଜେ ଭିଜିଲ
ଭିଜାଇଲ।

ଏତେଦିନ କେଉଁଠି ଥିଲ
କେମିତି ରହିଲ ?

ତଥାପି ଶବ୍ଦ ସବୁ ଅପରିବର୍ତ୍ତିତ ଥିଲେ।

କେଉଁ ନିସ୍ତବ୍‌ଦ ରାତିର ତୃତୀୟ ପ୍ରହରେ
କା'ର ଗାଢ଼ ରଙ୍ଗରେ
ନିଜ ଶାଢ଼ୀକୁ ଧଳା କଲ।

ତଥାପି ଶବ୍ଦ ସବୁ ଅପରିବର୍ତ୍ତିତ ଥିଲେ।।

■

ତା'ଦେହରେ ବର୍ଷ ମାସ ଦିନ ଦଣ୍ଡ

ତା' ଆଖିରେ ଦୁଇଟି କଳାଜହ୍ନ
ସେ'ଯେତେବେଳେ ତା'ଦେହର ସାର୍ଟ ଖୋଲେ
ଦୁଇଟି ପୃଥ୍ୱୀ ଖିର ସମୁଦ୍ରରେ
ଲୀନ ହେଉଥିବାର ଦେଖାଯାଏ
ପୁରୁଷ କାହିଁ ତା'ପାଇଁ
ଯିଏ ଅବତରୀ ଆସିବ
କେଉଁ ଶରୀର ଧାରଣ କରିବ ?
ତାକୁ ଉଦ୍ଧରିବ।

ନା ଗ୍ରୀଷ୍ମ ନା ବର୍ଷା ନା ଶରତ ନା ହେମନ୍ତ
ଶୀତ, ବସନ୍ତ
କେଉଁ ଋତୁ ତା'ପାଇଁ ଠିକ୍
କିଏ ବା କହିବ!!

ଶ୍ରମଣରେ ଥିଲାବେଳେ
ତା'ର ଋତୁଶ୍ରାବ ଶ୍ରାବଣର ପରି
କିଏ ତାକୁ ବରିବାକୁ ଯିବ
ପାଦ ତାର ସ୍ଥିର ନୁହେଁ ଭୂମିରେ
ବାରମ୍ବାର ବାରମ୍ବାର ଆଘାତ ସେ ପାଏ
ପଦାତିକ କିଏ ସେଇ ? ତାକୁ
କୋମଳ ପାପୁଲି ପାତିବ।।

ଯଜ୍ଞ ବେଦୀରୁ ଉଠିଆସେ ସେ'
ଶୀତଳ ଅଗ୍ନିଶିଖାଟିଏ ହୋଇ
ମନ୍ତ୍ର କାହିଁ ତା'ପାଇଁ କିଏ ବା ଉଚ୍ଚାରିବ
ତାକୁ ସଂସ୍ଥାପିବାକୁ ବେଦୀ କାହିଁ ?
କିଏ ଅଛି ତାକୁ କୋଳରେ ଧରିବ ?

ତା'ଦେହର ଅଙ୍ଗବାସେ
ଷଡ଼ଋତୁ, କିଏ ବା କହିବ କେମିତି ସେ ଦିଶେ
ତାକୁ ଦେଖିବାକୁ କିଏ ସେଇ ଚକ୍ଷୁଷ୍ମାନ୍
ପାଖକୁ ନଯାଇ ତା'ର
ଦୂରରୁ ଦେଖିବ ?

ଅନ୍ଧାର ତା'ପାଇଁ ଉପହାସିତ
ଆଲୁଅ ତା'ପାଇଁ ଗୋଟେ ଉପେକ୍ଷିତ ମଞ୍ଚ
ନା ଦିବସ ନା ରାତ୍ରୀ ସେ'
କେଉଁ ଲୋକରେ ଆର୍ବିଭୂତ ହୁଏ
ଯେ' ଦେଖିଛି ସେ'ହିଁ କହିବ ।।

ଯେତେବେଳେ ଯେଉଁଠି ସେ' ଥାଏ
ଆଡ଼ ହୋଇ ନୁହେଁ
ଥାଏ ସେ ଆଲିଙ୍ଗନରେ
ଏପରି ତା'ଦେହ ଗଢ଼ା
ବାରମ୍ବାର ବାରମ୍ବାର ଛୁଇଁ ଚାଲୁଥାଅ
ଅଛୁଆଁ ସେ ଲାଗେ ।।

ଆହାର ତାକୁ
ଆହୁରି ବଢ଼ାଇଦିଏ ତାର କ୍ଷୁଧା
ପାଣି ପୁଣି ଶୋଷ

କିଏ ବା ଅଛି ଏମିତି ପ୍ରେମିକ ପୁରୁଷ
ତାକୁ ଓଠ ପାତି ବର୍ଷ ବର୍ଷ ମାସ ମାସ
ତା'ଓଠରେ ଦେବ ତାକୁ ବୋକ।।

ସମୟ ତାକୁ ସୃଜି ପାରେନା
ସୃଜକ କିଏ ଅଛି ତାକୁ ହିଁ ଜଣା ତା' ଠିକଣା
କିପରି ଗଢ଼ିବ ତାର କାୟା କଳ୍ପ
କଳ୍ପନା କି କଳିପାରେ
ତାର ସାଷ୍ଟାଙ୍ଗ ଅଙ୍ଗରାଗ
କେତେ ହେବ ଉଚ୍ଚ କେତେ ନୀଚ
କିଏ ଅଛ ହେ ଦେହଧାରୀ (ଶୂନ୍ୟ ପୁରୁଷ)
ରୁପମ୍ ଦେହି ଯଶୋଦେହି ଶ୍ରିୟଂଦେହି
ତ୍ୱମେବ ଚ।।

BLACK EAGLE BOOKS

www.blackeaglebooks.org
info@blackeaglebooks.org

Black Eagle Books, an independent publisher, was founded as a nonprofit organization in April, 2019. It is our mission to connect and engage the Indian diaspora and the world at large with the best of works of world literature published on a collaborative platform, with special emphasis on foregrounding Contemporary Classics and New Writing.

www.ingramcontent.com/pod-product-compliance
Lightning Source LLC
Chambersburg PA
CBHW020542080526
44583CB00013B/952
9781645603146